Carl Huter • Handbuch der Menschenkenntnis

Carl Huter (1861-1912) ist allgemein bekannt als Entdecker der Naturelle, als Schöpfer der Naturelllehre mit der Lehre von der Harmonie der Naturelle und der Lehre von der Rangordnung der Persönlichkeiten. Er ist auch allgemein bekannt als der Begründer der wissenschaftlichen Psychophysiognomik sowie der Kallisophie. Weniger bekannt ist seine Entdeckung des Empfindungsvermögens der Materie bzw. der HELIODA. Auch diese Entdeckung hat die denkbar größten Auswirkungen, auf das wissenschaftliche Weltbild ebenso wie in der medizinischen und psychologischen Diagnostik und Therapie oder in der physiognomischen Menschenkenntnis und Psychologie.

Carl Huter im Jahre 1907.

Das vorliegende, anschaulich einführende Werk wird ergänzt durch Schriften wie:

Carl Huter: Menschenkenntnis
Fritz Aerni: Lehrbuch der Menschenkenntnis
Fritz Aerni (Hrsg.): Physiognomie und Charakter

Diese Werke sind ebenfalls im Carl-Huter-Verlag erschienen.

Sie finden uns im Internet unter:

www.carl-huter.ch

Carl Huter

Illustriertes Handbuch der praktischen Menschenkenntnis

nach meinem System der wissenschaftlichen Psychophysiognomik

Körper-, Kopf-, Gesichts- und Augenausdruckskunde

Erstauflage 1911

Bearbeitet, eingeleitet und herausgegeben
von Fritz Aerni

Carl-Huter-Verlag
2004

ISBN 3-89677-545-6

ISBN 3-89677-182-5 eBook

Carl-Huter-Verlag GmbH, D 79761 Waldshut-Tiengen
Carl-Huter-Verlag GmbH, Ohm-Str. 14, CH 8050 Zürich

Inhaltsverzeichnis

Vorwort des Herausgebers

Schon bald nach dem Erscheinen seines Hauptwerkes «Menschenkenntnis» (fünf Bände von 1904 bis 1906) entstand das Bedürfnis, dieses Werk durch einen oder mehrere Nachtragsbände zu ergänzen sowie den Inhalt hinsichtlich der praktischen Menschenkenntnis zusammenzufassen und übersichtlich zu präsentieren. Letzteres geschah mit dem «Illustrierten Handbuch der praktischen Menschenkenntnis», das im Januar des Jahres 1911 erschien.

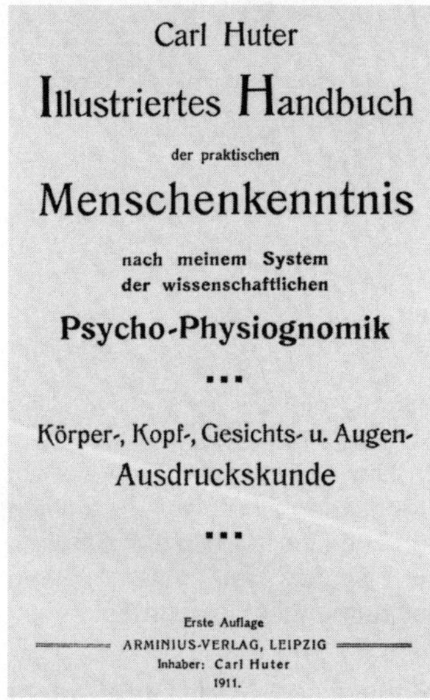

Carl Huter

Illustriertes Handbuch

der praktischen

Menschenkenntnis

nach meinem System
der wissenschaftlichen

Psycho-Physiognomik

...

Körper-, Kopf-, Gesichts- u. Augen-
Ausdruckskunde

...

Erste Auflage
ARMINIUS-VERLAG, LEIPZIG
Inhaber: Carl Huter
1911.

1 Das «Illustrierte Handbuch der praktischen Menschenkenntnis» wurde erstellt im Jahre 1910 und erschien 1911. Es wurden von der ersten Auflage nur wenige Exemplare verkauft.

Zur gleichen Zeit beabsichtigte Amandus Kupfer (1879-1952), eine 72-Seiten-Broschüre herauszugeben, die den gleichen Zweck verfolgte, nämlich die Huter'sche Psychophysiognomik populär darzustellen. Er gab seiner Broschüre den Titel «Grundlagen der Menschenkenntnis»[2].

Die Broschüre von Amandus Kupfer erschien Ende 1911, ohne dass Carl Huter direkten Einfluss auf den Inhalt und die Gestaltung, etwa durch seinen Rat oder durch Korrekturen gehabt hätte. Amandus Kupfer hatte das

1 Carl Huter: Menschenkenntnis durch Körper-, Lebens-, Seelen- und Gesichtsausdruckskunde auf neuen wissenschaftlichen Grundlagen, 1904-1906, Neuauflage im Carl-Huter-Verlag Zürich 1992.

2 Amandus Kupfer: Grundlagen der Menschenkenntnis, 1. Auflage 1911, Selbstverlag Kattowitz (2. Auflage 1913, 3. Auflage 1916).

2 Das Huter'sche Hauptwerk «Menschenkenntnis» erschien von 1904 bis 1906 in fünf Bänden, die später zu einem Band zusammengefasst wurden.

Manuskript Carl Huter nicht vor der Drucklegung vorgelegt, obwohl er ausschließlich das, was er aus dem Unterricht und dem Werk Carl Huters hatte, darstellen wollte. Carl Huter hatte sich im Januar 1912 brieflich über die Broschüre von Amandus Kupfer geäußert.

Die erste Auflage des Handbuches von Carl Huter fand nur ganz geringe Verbreitung. Später, nach dem Tod des Autors, wurde es in von Amandus und Siegfried Kupfer (1917-1983) bearbeiteten und ergänzten Neuauflagen weiteren Kreisen bekannt gemacht.

Die vorliegende Ausgabe des «Illustrierten Handbuches» von Carl Huter orientiert sich an der ersten Auflage. Der Text ist im Sinne des Autors gewissenhaft durchgesehen und an die heutige Schreibung angepasst. Außer der redaktionellen Bearbeitung sind einige, das Verständnis ermöglichende oder fördernde Fußnoten von mir eingefügt worden. Die Illustrationen sind besser dem Text zugeordnet. Die Illustrationen entsprechen weitgehend denjenigen der ersten Auflage, sie sind jedoch teilweise grafisch bearbeitet. Einige Illustrationen sind zudem, mehrheitlich aus dem Bestand des Carl-Huter-Museums Leipzig (1910-1911), beigefügt.

Carl Huter hatte ab 1884 seine Lehren, dabei auch die Naturelllehre und die gesamte Psychophysiognomik, in öffentlichen Vorträgen und Lehrkursen mitgeteilt. Im Laufe der Jahre hatten mehrere Hundert Zeitungen und

Zeitschriften über die Vorträge Carl Huters, teilweise mit ausführlicher Vortragszusammenfassung, berichtet.

Schon 1883 hatte er in Dresden den Begriff ‹Kallisophie› geprägt, 1889 den Begriff ‹Psychophysiognomik›. Vor 1889 (und teilweise auch noch einige Jahre danach) bezeichnete er seine Lehre mit dem Begriff ‹Psychoanthropologie›.

Da sich die Anthropologie mehr und mehr in eine Richtung entwickelte, die er nicht guthieß, konnte er sie nicht durch seine Betrachtung des Individuums ergänzen, sondern er musste sich grundsätzlich von ihr trennen und von ihr fernhalten. So sehr er die positiven wissenschaftlichen Erkenntnisse der Anthropologie über den Menschen schätzte, hielt er diesen Schritt doch für nötig. Nicht annehmbar empfand er die Überschätzung der ‹weißen, arischen Rasse› durch die Anthropologie, besonders in Verbindung mit der Herabminderung, der Unterdrückung und Bekämpfung anderer Völker. Das hat sich in der Bezeichnung seiner Lehre so niedergeschlagen, dass er sie nicht mehr Psychoanthropologie, sondern eben ab 1889 Psychophysiognomik nannte. Sie umfasste inzwischen auch weit mehr als das, was man gewöhnlich mit einer Naturelltypenlehre oder mit einer Physiognomik assoziierte oder womit sich die Anthropologie befasste. Sie war zu einer Universalwissenschaft angewachsen.

1893 lehnte er es ab, auf dem von Rudolf Virchow, Wilhelm von Waldeyer und Johannes Ranke dominierten Anthropologenkongress in Hannover zu sprechen. Im gleichen Jahr erschien von Dr. Adolf Brodbeck die kleine Schrift «Leib und Seele», die aus einer Unterrichtsstunde bei Carl Huter hervorgegangen war. Diese Schrift fand zwar warme Aufnahme am Anthropologenkongress, Virchow sprach auch ein paar anerkennende Worte, in der Sache aber war Carl Huter weitab vom Hauptstrom der damaligen Anthropologie und wurde nicht verstanden.

Adolf Brodbeck, der von Stuttgart stammte und in Tübingen studiert hatte, gab 1890 die Anregung zum Weltreligionsparlament anlässlich der Weltausstellung in Chicago Ill. im Jahre 1893. Ohne das tatkräftige Mitwirken von Carl Huter wäre es Brodbeck aber nicht möglich gewesen, dort anwesend sein zu können.

Carl Huter fand den Gedanken, die Religionen der Welt zusammenzuführen und in einen Dialog zu bringen besonders fördernswert. Mit seiner Hilfe kam es zustande, dass Brodbeck am ersten Haupttag des Weltreligionsparlaments im September 1893 vor fünftausend Hörern eine große, auch in der Presse viel beachtete Rede halten konnte.

Die führenden christlichen Kirchen waren zwischen 1890 und dem Ersten Weltkrieg mehrheitlich der Meinung, dass ein Weltreligionsparlament ein unnötiges Unterfangen sei. Die christlichen Länder, etwa England, Spanien, Frankreich und andere, beherrschten die Welt. Deshalb, so glaubten sie, wäre es nur noch eine Frage der Zeit, bis die Welt für immer christianisiert sei. Im Religionsfeld verhielten sie sich nach dem Darwin'schen Grundsatz, dass die stärkste Religion sich durchsetzen werde. Dieser Auffassung trat Carl Huter entgegen.

1894 erschien von Carl Huter zunächst ein kleines Gedichtbändchen unter dem Titel «Aus Poesie und Liebe».

1896 verfasste er «Individuum und Universum. Die Philosophie des realen und idealen Seins im Weltgeschehen und im Persönlichkeitsbewusstsein. Neues über Materie und Geist Lebens- und Formkraft, Gottheit und Unsterblichkeit.»[3] Unter dem Titel «Anthropologie und Psychophysiognomik» ist in diesem kleinen Werk zu lesen:

«Man kann behaupten, dass die heutige herrschende Rassenmoral mit ihrem Grundsatz, dass die kräftigen Rassen mit dem Recht des

3 Carl Huter: Individuum und Universum. Die Philosophie des realen und idealen Seins, Carl-Huter-Verlag Zürich/Waldshut-Tiengen 2003.

Stärkeren die schwächeren Rassen verdrängen und unterjochen dürfen, zur wüsten Willkürherrschaft starker Nationen und zur Abschlachtung und Vernichtung schwacher nationaler Gebilde führt. Kommen zu dieser rohen so genannten Rassenmoral noch Nationalhass, Antisemitenhetze, Ausschließung von Völkern, z. B. der Chinesen, aus dem internationalen Völkerrecht von 1896 hinzu, so hat uns die Anthropologie wohl Rassenkenntnis, aber gewiss keine Rassenmoral gebracht. (...) Die Wissenschaft fasste die Natur schärfer ins Auge, verlor aber dabei die Religion und den Idealismus. Ihre Ethik heißt Kampf ums Dasein, kapitalistische Herrschaft und Arbeiterunterjochung, Armut und Reichtum, Übergenuss und Elend – und schließlich ist allseitige Verelendung die Folge. Die Anthropologie mit ihrer Rassenlehre schmeichelt den Staatsmächten; sie lehrt das Recht des Stärkeren und daher die Verherrlichung des Militarismus, die Aufopferung aller Kräfte des Einzelnen für eine nationale Wahnidee.»

Damit hatte er seinen Standpunkt ausgedrückt und klar gemacht, weshalb er nicht unter der Flagge der damals allmächtigen Anthropologie segeln wollte.

War er schon wegen seines Bildungsganges ein Außenseiter, so wurde er zu einem solchen auch wegen seiner Erkenntnisse.

In schneller Folge erschienen von jetzt an die Publikationen von Carl Huter. Einige derselben sind:

1898	Die neueste Heilwissenschaft
1898	Die Landeshuter von Hilgenhaine
1898	Meine Stellung zur Schulmedizin
1899	Die Glocken aus dem Cheruskerwald, Gedichtband
1903	Die innere Erschließung einer höheren, geistigen Welt
1903	Der Gebildete auf der Höhe
1904-1906	Menschenkenntnis durch Körper-, Lebens-, Seelen- und Gesichtsausdruckskunde auf neuen wissenschaftlichen Grundlagen, 5 Bände
1907	Die Neue Ethik
1908	Liebe, Ehe, Familie und Gesellschaft der Zukunft

1908	Die neue Weltanschauung
1909	Das Empfindungsvermögen der Materie
1910	Huter und Haeckel. Der Kampf zwischen zwei Weltanschauungen
1910	Grundlegende Entdeckungen für die wissenschaftliche Psychophysiognomik
1911	Ill. Handbuch der praktischen Menschenkenntnis

Daneben erschien eine Vielzahl von teils umfangreichen Zeitschriftenartikeln.

Schließlich hatte Carl Huter seine Lehren in Vorträgen bis 1911 in allen größeren Städten Deutschlands öffentlich bekannt gemacht.

Niemand kann zu Recht sagen, die Huter'schen Lehren seien unbekannt geblieben.

Da sie jedoch in manchen Belangen dem Zeitgeist entgegenstanden, wurden sie nach dem Tod von Carl Huter im Dezember 1912 meist verschwiegen, teilweise auch irreführend und falsch dargestellt oder in manchen Belangen nicht qualifiziert verbreitet.

Gelegentlich haben Autoren die Huter'schen Lehren oder Teile derselben an den jeweils herrschenden Zeitgeist angepasst dargestellt, oder sie haben unter dem suggestiven Vorwand, Huter'sche Lehren ‹originalgetreu› darzustellen, mit dem Zeitgeist um eines erhofften Erfolges willen kokettiert.

Auf Grund solcher Publikationen wurden die Huter'schen Lehren immer wieder mit Zeitströmungen, etwa dem Dritten Reich, in eine Verbindung gebracht. Eine geistige Nähe oder gar eine ursächliche Beziehung der Huter'schen Lehren zu solchen Zeitströmungen bestand jedoch nie.

Es ist gerade bei Carl Huter von besonderer Bedeutung, sich an den zuverlässigen Editionen seiner eigenen Werke zu orientieren. Nur so kann man sich über sein Werk ein zutreffendes Bild machen.

Zürich, im August 2004

Fritz Aerni

Vorwort

Nach der Herausgabe meines großen illustrierten Lehrwerks «Menschenkenntnis» in den Jahren 1904 bis 1906 entwickelte sich eine starke Nachfrage nach einem kleinen Taschenhandbuch der Menschenkenntnis.

Nachdem ich zu dem obigen Werk einen Leitfaden und einen Handatlas geschrieben hatte, kam ich zur Verwirklichung der Herausgabe des vielbegehrten Buches, das hier in erster Ausgabe vorliegt.

Wenn die oben genannten Werke das gesamte Gebiet der von mir begründeten Schöpfungs-Entwicklungslehre und der wissenschaftlichen Psychophysiognomik behandeln, so *soll dieses Buch dem rein praktischen Teil der Menschenkenntnis dienen,* und für jedermann ein treuer Berater und täglicher Führer zu sein.

Wer sich Menschenkenntnis aneignen möchte, hat nicht immer die nötige Zeit, um ein großes Lehrwerk zu studieren, er wünscht sich ein Hand- und Nachschlagebuch, das er möglichst immer mit sich führen kann, um täglich und stündlich Wissenswertes daraus zu schöpfen.

3 Carl Huter im Jahre 1910.

Praktische Menschenkenntnis lässt sich am besten lernen, indem man sich die Grundlehren aneignet und daraufhin bei den umgebenden Menschen und auch bei sich selbst täglich Studien und Vergleiche anstellt. Auf diese Weise lassen sich nach und nach die Regeln dieser Wissenschaft praktisch aneignen und nützlich verwerten. Zu diesem Zweck ist dieses Buch geschrieben und mit gutem Anschauungsmaterial versehen.

Ich habe diesem Werk den Lehrplan, den ich seit vielen Jahren für meine Volkslehrkurse erfolgreich verwandte, zu Grunde gelegt. Eine große Anzahl treuer Freunde und Anhänger ist aus diesen Kreisen meiner Schüler hervorgegangen. Möge auch dieses Buch die gleiche Sympathie finden, die meine mündlichen Lehrvorträge in allen Kreisen der Gesellschaft gefunden haben.

Mehr als dreihundert in- und ausländische Zeitschriften und Tagesblätter haben mein neues System der Psychophysiognomik anerkennend besprochen.

Dieser Erfolg ist darauf zurückzuführen, dass ich immer und immer wieder in öffentlichen Experimentalvorträgen und Tausenden von Einzelfällen die Beweise erbrachte, dass wir es hier mit einer wissenschaftlichen Methode zu tun haben, mit der man den Charakter, die Anlagen, die Neigungen eines Menschen mit Sicherheit festzustellen vermag.

Ich kann hier des Raummangels wegen die glänzenden Berichte nicht wiedergeben, welche die Beweisführungen selbst in den schwierigsten Fällen schilderten.

Nicht nur die Feststellung der Veranlagung normaler Kinder und Erwachsener, sondern auch die der abnormen, der belasteten, schwachsinnigen und der verbrecherischen Menschen gelang mir nach meiner neuen Körperkonstitutions-, Kopfform- und Gesichtsausdruckslehre durchweg gut.

Auch die medizinische Wissenschaft wurde durch meine spezielle Krankenphysiognomik bereichert, so dass man damit verlässliche Diagnosen zu stellen vermag.

Viele Theologen, Philosophen, Juristen, Ärzte, Naturforscher, Pädagogen, Künstler, Schriftsteller, Kaufleute, Industrielle, Handwerker, Techniker und Arbeiter haben mich mit ihren Empfehlungen und anerkennenden Zuschriften beehrt.

Wenn es mir gelungen ist, die anschauliche Seelenkunde, an welcher seit Tausenden von Jahren die besten Forscher, Ethiker, Künstler und Moralphilosophen gearbeitet haben, ohne sie dabei genügend beweiskräftig zu gestalten, nunmehr wissenschaftlich zu begründen und lehrfähig zu machen, so darf ich wohl mit Genugtuung auf meine Lebensarbeit zurückblicken und mit Recht von einem eigenen System der wissenschaftlichen Psychophysiognomik sprechen.

Alles Vollendete ist nun der natürliche Feind des Unfertigen und Fehlerhaften. Daher ist mein System gegen die Mängel der alten Phrenologie- und Physiognomiksysteme, die bisher dem Publikum bekannt geworden sind, gerichtet, es bekämpft sie und macht sie überflüssig.

Das größte Hindernis auf diesem Gebiet der Seelenforschung sind nicht die ernsten Forscher, deren Talent hinter ihrem guten Willen zurückbleibt und oft Unfertiges zuwege bringt, sondern es sind die teils ungebildeten, teils halbgebildeten, oberflächlichen Winkelpfuscher, die die ernsteste aller Wissenschaften so arg schädigen und das Publikum enttäuschen. Auch heute ist deren Zahl nicht klein, und dazu gesellen sich neuerdings (um 1910) amerikanische Reklamekünstler, die die Phrenologie, Psychophysiognomik, Grafologie, Psychometrie und andere Gebiete in einer unvornehmen Weise ausbeuten, ohne entsprechende wissenschaftliche Leistungen zu bieten, und diese bedauerlichen Erscheinungen haben auch in unserem Land ein Heer von Nachahmern gefunden. Diesem wissenschaftlichen Scharlatanismus und Dilettantismus will ich entgegentreten und Einhalt gebieten.

Diese Lehre bedarf auch einer zentralen Pflegestätte in Form einer Hochschule, mit einer Sammlung von reichem Studienmaterial und einer Untersuchungsanstalt, um sie fernerhin in allen Feinheiten auszubauen und unseren Schulen und behördlichen Organen zugänglich zu machen. Es sollen tüchtige Redner, Lehrer, Charakterologen und wissenschaftliche Vertreter aller Richtungen in diesen Instituten, die ich nunmehr mit eigenen Mitteln gegründet habe, ausgebildet werden.

Alle, die mir darin ihre hilfreiche Hand bieten können, die dem Verlag und den Instituten mit Sammelmaterial und wertvollen Mitteilungen sowie mit Empfehlungen fördernd zur Seite stehen, sollen mir als Gönner und Freunde willkommen sein. Die Lehre braucht viele liebevolle Mitarbeiter im Volk, bei den Behörden, unter Künstlern und in wissenschaftlichen Kreisen. Der Verlag ist zur Einrichtung von Studienzirkeln und von Lehrkursen für Schulen, Vereine und Gesellschaften jederzeit bereit.

Möge diese Schrift ein Pionier werden für eine Kultur, in der der Mensch wieder in den Mittelpunkt der Betrachtung gestellt wird und in der die ethische Schönheit, die ideale Persönlichkeits- und Gesellschaftskultur den zukünftigen Menschen nach und nach entwickelt. Hierzu hat diese Neulehre wertvolle Anweisungen gegeben. Möge dieses Buch niemand aus der Hand legen, ohne einen ideellen und praktischen Nutzen daraus gewonnen zu haben.

Mögen manche anderen Systeme der Menschenbehandlung, die so vielfach angepriesen werden, gebraucht werden, um die Schwächen anderer zu erkennen und auszubeuten, wie das ja mit den Suggestions- und Hypnosemethoden geschehen ist, so wird dieses System sich dadurch auszeichnen, dass es edle ethische Ziele mit der Menschenerkenntnis und Menschenbehandlung verbindet, und darin beruht sein höherer und unvergänglicher Wert.

Aber auch die wichtigen Entdeckungen, die ich über die Kraftrichtungsordnung in der Formenwelt, über das Empfindungsvermögen der Materie, über die strahlende und formbildende Lebenskraft HELIODA sowie über die Spannungsenergien und die Naturelltypen gemacht habe und die dieser meiner Psychophysiognomik zu Grunde liegen, geben ihr für alle Zeiten, auch rein wissenschaftlich genommen, den Vorrang und die Originalität unter allen Lebensformenausdruckslehren und Menschenkenntnissystemen, so dass sie sich immer mehr durchsetzen werden.

Leipzig, im September 1910

Carl Huter

I
Die philosophische Forschungsmethode über den Menschen. Woher kam der Mensch?

Die Schöpfungslehre

Nach den Lehren der Bibel, des Korans und anderer religiöser Schriften ist das All, alles Leben und der Mensch aus dem Geist geschaffen. Es wird ein höchster Geist als Schöpfer aller Dinge verehrt. Die Israeliten nennen ihn Jehova oder Zebaoth, die Moslem Allah, die Christen Gott Vater. Aber auch die alten Griechen und Römer, Perser und Ägypter, Germanen und Kelten, Franken und Normannen verehrten neben vielen Göttern einen obersten Gott, dem sie Urschöpferkräfte beilegten. Die Urvölker verehrten die Sonne als Schöpferkraft alles Lebens. Zu den ersten der aufgefundenen Kulturerzeugnisse der Menschen, welche viele Jahrtausende zurückliegen, gehören Steintempelruinen, aus welchen der Sonnenverehrungskult ersichtlich ist.

Die Katastrophen- und Schöpfungslehre

Der große französische Gelehrte Georges Cuvier (1769-1832), welcher zur Zeit Napoleons I. mit seinen Theorien die damals gebildete Welt beherrschte, glaubte an gewaltige Katastrophen, die auf der Erde stattgefunden hätten, wobei ganze Erdteile, Tierarten und Völker untergegangen seien. Über die Neuschöpfungen ließ er sowohl der Kirche als auch den Naturphilosophen freie Auffassung. Die erstere legte diese Lehre im Sinne ihrer Dogmen aus und nahm an, die verschiedenen Schöpfungstage seien große Zeitperioden gewesen, denen gewisse Katastrophen gefolgt seien, die mit Neuschöpfungen in den darauf folgenden Zeiten ausgeglichen worden wären. Die Naturphilosophen glaubten an eine eigene Regenerationskraft der Natur, die auf jede Katastrophe folgte. Wie aber die Natur diese Urschöpfung bewirkt hat, darüber wurde keine Aufklärung gegeben; man neigte schließlich dahin, eine Urzeugung anzunehmen. Die eine Richtung der Naturphilosophie nahm hierbei ein unbekanntes Schöpferprinzip an, das in der Natur wohne, das aber nicht mit der Gottheit der Kirche identisch sei; die andere Richtung nahm an, dass durch rein chemische und mechanische Kräfte der Natur jede Neuschöpfung bewirkt würde. Rudolf Virchow (1821-1902) war der letzte bedeutende Anhänger Cuviers. Er war ein Feind der Haeckel'schen Richtung der Entwicklungslehre und ist nicht Materialist gewesen. Die letzten naturphilosophischen Fragen, ob eine Schöpfung von Gott oder der Natur oder ob Entwicklung vorliegt, ließ er offen.

Die materialistische Entwicklungslehre

Durch Jean Baptiste Lamarck (1744-1829), der zur Zeit Cuviers lebte, wurde ein neuer Gedanke entwickelt, nämlich die Annahme, dass sich alles aus primitiven kleinen Anfängen durch Anpassung an die jeweils gegebenen Lebensverhältnisse höher entwickelt habe.

Später hat Charles Darwin (1809-1882) diesen Gedanken aufgegriffen und ausgebaut, auf ihn stützte sich der deutsche Zoologe und Naturforscher Ernst Haeckel (1834-1919). Er und Lamarck haben die Entwicklungslehre an die Stelle der Schöpfungslehre gesetzt. Darwin suchte die Entwicklungslehre durch seine Zuchtwahllehre auszubauen, ohne seinen Gottesglauben aufzugeben. Offiziell vertrat er den natürlichen Entwicklungsgedanken. Wie er sich selber mit seinem religiösen Leben abgefunden hat, das ist ein Geheimnis geblieben. Die Entwicklungslehre, wie sie von Ernst Haeckel und seinen Anhängern vertreten wird, huldigt der materialistischen Weltanschauung. Sie leugnet den Geist, das Göttliche und jede Schöpfung und bekämpft diese Auffassung vom Geistigen in der Natur in recht unvornehmer Weise.

Alles Geistige, alles Empfinden, wird als Schwingung, also aus mechanischen Vorgängen erklärt; wo diese nicht ausreichen, sucht man es aus chemischen Energien hervorgehend zu deuten. Nach dieser Hypothese gibt es nichts Geistiges. Wie aber das Leben im lebenden Eiweiß und dieses selbst entstanden sind, darüber Aufklärung zu geben, versagt die gesamte Haeckel'sche Lehre. Haeckel hat keine Welträtsel gelöst. Die denkenden Forscher befriedigte diese Auffassung nicht. Sie haben in der Entwicklungslehre wohl erweiterte Fortschritte in der Naturerkenntnis festgestellt, aber die Wahrheit über das Leben und seinen Ursprung haben sie nicht darin finden können. Dies ist auch von 46 bedeutenden Naturforschern in der «Täglichen Rundschau» vor einigen Jahren offen ausgesprochen worden.

Die geistige Entwicklungslehre

Die geistige Entwicklungslehre wurde vom amerikanischen Schriftsteller Andrew Jackson Davis (1826-1910) begründet; aus ihr ist der wissenschaftliche Spiritualismus hervorgegangen, der von Professor Dr. med. Bernhard Cyriax und dem aufopferungsfreudigen Verlagsbuchhändler Besser Anfang der achtziger Jahre des 19. Jahrhunderts in Deutschland eingeführt wurde. Dieser Richtung gehörte auch Lazar Baron von Hellenbach (1827-1887) an, der österreichische Philosoph, der sie gegen den Materialisten Erzherzog Johann (1782-1851) und für Kronprinz Rudolf von Österreich (1858-1889) vertrat. Auch der bekannte englische Physiker Sir William Crooks (1832-1919) vertritt diese Richtung.

Die geistige Entwicklungslehre hält am Gottesglauben und am Geistigen als dem schöpferischen Prinzip in der Natur fest.

Viele wollen wissen, dass auch Charles Darwin längere Zeit ein heimlicher Anhänger dieser Philosophie gewesen sei.

Sie verlässt alle Dogmen der Kirche und pflegt freie Naturforschung und philosophisch-experimentelle Untersuchungen und nimmt an, dass es eine Gottheit gibt. Die Schöpfungslehre der Bibel sei nicht wörtlich, sondern symbolisch aufzufassen.

Die geistige Entwicklunslehre nimmt die Unsterblichkeit der Seelen, Vergeltung und Höherentwicklung an.

Da mit dieser Weltauffassung sich das kirchenfreie religiöse Gefühl mit der natürlichen Entwicklungslehre vereinbaren lässt, so hat sie viele Vertreter unter der geistigen Aristokratie aller Länder, besonders auch unter den Künstlern, gefunden. Auch der große Maler Gabriel von Max (1840-1915) neigt dieser Weltanschauung zu, daher vertritt er als Anhänger der Haeckel'schen Entwicklungslehre diese nur so weit, als sie sich in naturwissenschaftlichen Bahnen bewegt, wo sie ins Philosophische hinüber spielt, da trennt sich Gabriel von Max vollständig von Ernst Haeckel und geht seine eigenen Wege. Er wird darin Anhänger von Justinus Kerner (1786-1862) und der geistigen Welterklärung. Diese Richtung sucht eine Aussöhnung zwischen Religion und Wissenschaft, Naturerkenntnis und Mystik. Da sie aber vielfach das Mystische dem Realen voranstellt, die Welterklärung nicht immer real und logisch genug durchführt, so bleibt diese Weltanschauung mehr Herzens- als Verstandessache; ihre Richtung ist zweifellos eine gesunde, ihre wissenschaftlichen Lösungen aber befriedigen den nach voller Wahrheit ringenden Forschergeist nicht. Aus diesem Grunde wurde mir schon vor mehreren Jahren von der Besser'schen Verlagsbuchhandlung in Leipzig der Auftrag erteilt, die Davis'schen Hauptwerke umzugestalten und auf moderne naturphilosophische und mehr exakt wissenschaftliche Grundlagen zu stellen. Nach genauer Prüfung erschien mir dies als undurchführbar, weil damit Davis' System in vielen Punkten gänzlich hätte aufgehoben werden müssen. Ich musste deshalb diesen mich ehrenden Auftrag ablehnen und gab meine neue Weltlehre in eigenen Werken heraus.

Meine Schöpfungs-Entwicklungslehre

Nach meinen Forschungen ist im Raum die Urenergie im Weltall als ewiges Geheimnis der Urschöpfung verborgen, denn bevor Kraft und Stoff, Gott und Welt, Geist und Leben dagewesen sind, musste der Raum dagewesen sein.

Der Raum ist nach meiner Auffassung in seinem Wesen zweidimensional, er ist

a) innerlicher und

b) äußerlicher Natur.

Alles aber, was im inneren und im äußeren Raum geschaffen ist, ist aus empfindenden Kräften und Materien hervorgegangen.

Das Empfinden ist überall, es gibt wohl eine Grenze des Stofflichen, denn bei minus 273 °C hört beispielsweise der Wasserstoff als chemische Substanz auf, aber man wird schwerlich behaupten können, dass damit die Substanz überhaupt aufhört.

Es ist also die Zurückbildung der chemischen Elemente in Urmaterie oder Weltäther durch die theoretische Physik längst bewiesen, die Erbringung des praktischen Beweises durch die Physik ist nur eine Frage der Zeit. Mit Hilfe psychophysiologischer und physikalischer Experimente habe ich diese Tatsache längst gefunden.

Dass bei einer solchen Verkleinerung eines Wasserstoffatoms durch Untertemperatur die selbstständige chemische Kraft

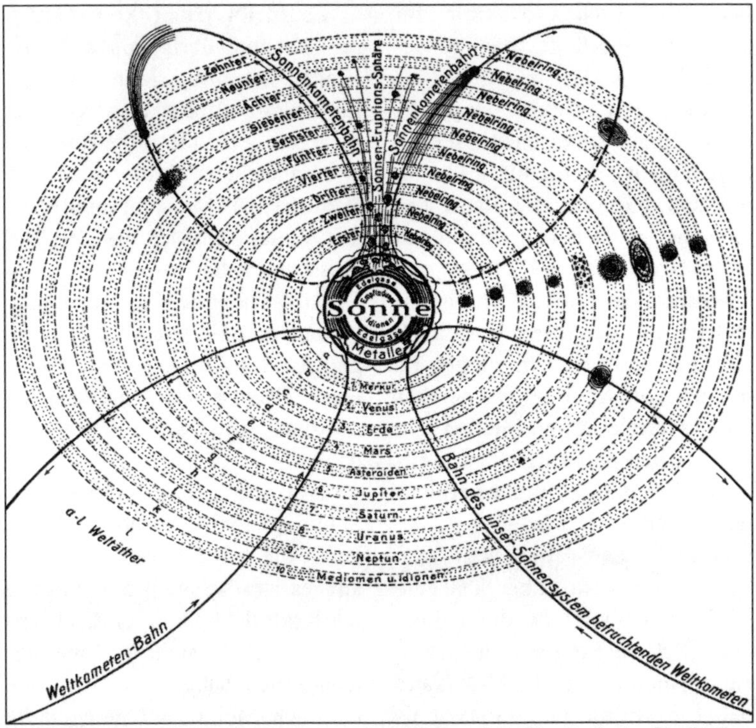

4 Entwicklung des Sonnensystems aus dem Welturnebel. Physikalische Studie über die Nebelringdifferenzierungen, Sonnen-, Kometen- und Planetenbildungen.

desselben aufhört, beweist, dass die chemischen Kräfte niemals zur Erklärung des Lebens, des Geistes und der Urschöpfung in Frage kommen können. Sie kommen schon deshalb dafür nicht in Frage, weil die kosmischen Weltnebel und Weltkörper sich aus dem kalten Weltäther gebildet haben. Die urschöpferischen Kräfte liegen jenseits der chemischen Materie. Die Schöpferkräfte sind im Weltäther zu suchen. Alle chemischen Materien sind Schöpfungs- und Entwicklungsprodukte.

Man hat nun versucht, die Ätherschwingungen als Ursache alles Werdens der Materie, des Lebens und des Geistes anzunehmen, dagegen sprechen aber meine Hellfühlexperimente, durch welche ich in der anorganischen Materie eine dauerhafte Gedächtnis- und Emanationskraft für geistige Eindrücke nachgewiesen habe.

Auch die zweite Hypothese der materialistischen Weltanschauung ist damit hinfällig geworden, nämlich die, dass das Geistige aus Ätherschwingungen zu erklären sei.

Durch zahlreiche Experimente habe ich bewiesen, dass auch geringe seelische Erregungen an der anorganischen oder scheinbar toten Materie haften bleiben und von starken nachfolgenden seelischen Erregungen nicht vernichtet werden.

Nach der physikalischen Schwingungslehre aber löst eine stärkere Schwingung die schwächere Schwingung auf, das heißt, sie vernichtet sie, und sie kann daher in Form von Gedächtnis und Strahlung nicht mehr auftreten, wenn das Geistige, das Gedächtnis und das Empfinden aus physikalischen Schwingungen kleinster Ätherteile bestehen würde.

Demnach ist auch diese Hypothese der Materialisten, die, nebenbei gesagt, ja noch niemals bewiesen worden ist, trotzdem aber als Dogma für die Erklärung des Geistigen angenommen wird, hinfällig geworden.

Es bleibt daher keine andere Annahme übrig, als dass das Empfinden eine primäre Energie im Weltall ist, die jeder Materie, auch der uns tot erscheinenden anorganischen Materie und dem Weltäther als Substanzintelligenz mit Willen, Gedächtnis und Bewusstsein anhaftet.

Ist das aber der Fall, dann mag es auch eine Grenze aller Schwingungen des Äthers geben, wie es eine Grenze der chemischen Substanz gibt, wie wir gesehen haben.

Wo aber diese Grenze der Schwingungen aufhört, hören auch die mechanischen Kräfte auf, es ist also auch eine Grenze der Kraft denkbar, aber das Empfinden hört da nicht auf, wie wir ja gesehen haben, weil es auch da noch bleibt, wo eine starke Schwingung eine schwache vernichtet hat. Somit ist im Empfinden die letzte Ursache des Seins und aller Schöpfung zu suchen. Können wir uns dies nicht ohne Stoff denken, so wollen wir annehmen, die Schöpferkraft alles Gewordenen wurzelt im Empfindungsäther.

Der Empfindungsäther ist von diesen Gesichtspunkten her dualer, einmal materieller und dann geistiger Natur. Denke man sich den kleinsten materiellen Teil

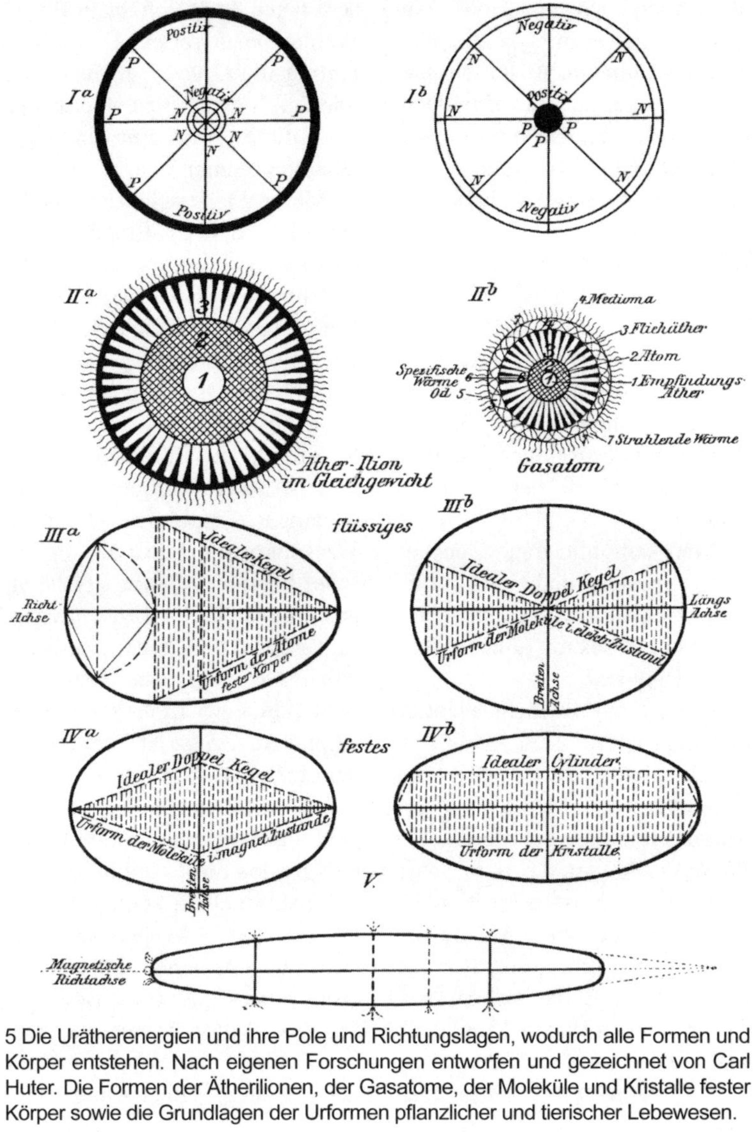

5 Die Urätherenergien und ihre Pole und Richtungslagen, wodurch alle Formen und Körper entstehen. Nach eigenen Forschungen entworfen und gezeichnet von Carl Huter. Die Formen der Ätherilionen, der Gasatome, der Moleküle und Kristalle fester Körper sowie die Grundlagen der Urformen pflanzlicher und tierischer Lebewesen.

als immer noch eine Größe einnehmend, so nimmt er die Weite des Raumes in Anspruch, diese ist stets der äußere Raum. Denke man sich das Geistige als Verinnerlichung, also gegensätzlich zu Größe und Weite, so haben wir die endlose Tiefe des Raumes. Diese innere Tiefe des Raumes ist nicht dasselbe wie das, was wir unter einer der drei Dimensionen Höhe, Breite, Tiefe verstehen. Diese geistige Tiefe ist Innerlichkeit des Raumes. Die formale Tiefe des Raumes gehört zu einer Richtung in der Weite des Raumes.

Man kann nun fragen, decken sich Empfinden und Geist mit innerer Tiefe des Raumes und deckt sich Materielles mit äußerer Weite des Raumes?

Diese Frage ist nicht leicht zu beantworten.

Ich glaube nicht, dass das Empfinden der inneren Tiefe des Raumes und dass die Materie der Weite des Raumes parallel liegt, Raum an sich ist auch getrennt von beiden denkbar. Welche Energien den Raum geschaffen haben? Ob im Raum selber diese Energien liegen? Ob Empfinden und Materie mit diesen zwei Raumenergien identisch sind? Diese Fragen habe ich in größeren Werken beantwortet.[4] Hier wollte ich nur die Gründe angeben, wie und durch was ich zu einer neuen Schöpfungs- und Entwicklungslehre gekommen bin.

Meine Wissenschaft lehrt: Jeder Materie haftet Empfindungsenergie an.

Das Empfinden ist primärer Natur, aus ihm sind alle Kraft, alle Stoffveränderung und jede Formbildung hervorgegangen.

Im Empfinden wurzelt die Schöpferkraft aller Dinge, aus ihm ist auch das Leben hervorgegangen. Empfinden ist Leben. Was uns als Eiweiß, als organische, beseelte Materie erscheint, ist eine höhere, konzentriertere Tätigkeit vieler empfindender Ätherteile im Dienste einer Individualität, einer Einheit, eines bestimmt abgegrenzten, organisierten Stoffteils.

Aus diesem Grunde organisiert und formt die Empfindungsenergie den Stoff, und in ihr wurzelt nach meinen vergleichenden Forschungen jede chemische Energie und jede höhere geistige Energie, etwa Gedächtnis, Bewusstsein und Willen. Daher lehre ich: Die Form eines Lebewesens ist der Lebens-, Willens- und Geis-

4 Carl Huter: Menschenkenntnis durch Körper-, Lebens-, Seelen- und Gesichtsausdruckskunde auf neuen wissenschaftlichen Grundlagen, 1904-1906, Neuauflage 1992, Carl-Huter-Verlag Zürich.

I. Die Konzentrationsenergie der ätherischen Schwersubstanz drängte alle Ätherteile aus sich frei heraus zu Massenansammlungen, wodurch Weltnebelmedioma entstand, ein ätherischer Mutterstoff der späteren chemischen Elemente.

III. Die Attraktionsenergie aller chemischen Schwersubstanzen, welche einen zentralen Pol geschaffen, bildete die magnetische Achse mit zwei Endpolen, dem positiven Nord-Strahl- und dem negativen Süd-Saugpol, weil die Schwerenergie im Äther selber seine natürliche Grenze fand unter 300 spezifisches chemisches Gewicht.

V. Die Oberflächenspannung der Elektrizität in den Atomen schaffte die Membran- oder Peripheriekraft als Gegengewicht gegen die zentrale Attraktions- und magnetische Umspannungskraft. Dadurch entwickelte sich die spezifische oder konstante Atomwärme mit konstanter Atomkraft.

VII. Zwischen der kalten Fernregion der magnetischen Spannungslinien I und der warmen Nahregion der strahlenden Körperwärme mit der elektrischen Oberflächenspannung II entstand eine Zwischenzone, die linde odische Sphäre III. Durch Reibung des elektrischen Lichtäthers mit dem durch magnetische Kraftlinien gesammelten Mutterstoff Medioma entstand leuchtendes Od (Aura). Od ist eine Zwischensubstanz zwischen Leichtfliehäther (Medioma) und neutralem Äther.

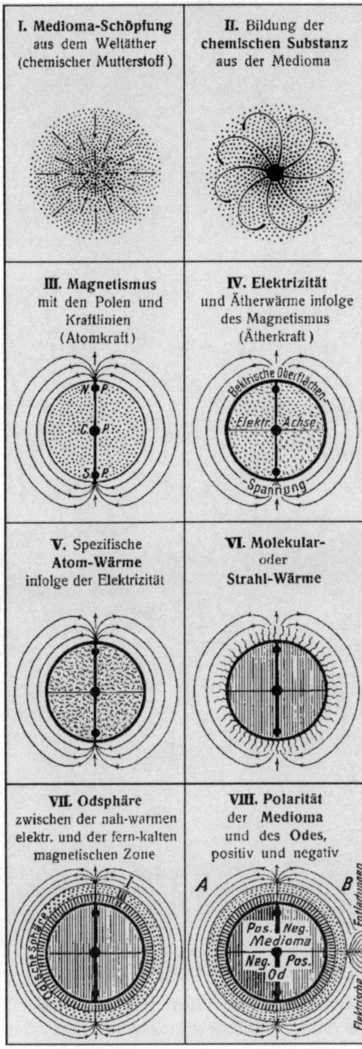

6 Carl Huters Entwicklungslehre von Kraft, Stoff und Form in der anorganischen Welt vom ersten ätherischen Mutterstoff der Medioma bis zum Od strahlenden Kristall. Die Entdeckung der Kraftentstehungs- und Kraftrichtungsordnung, wodurch alle kosmischen, atomistischen, molekularen, kristallinischen Lebensformen entstanden sind.

II. Nachdem die Schwerenergie aller Ätherschwerteile sich immer mehr, entweder in einem Ring oder in einem Kern oder in beidem zur Medioma verdichtet hatten, entwickelte sich daraus chemische Substanz mit der Attraktionsenergie.

IV. Die magnetischen Pole schafften die den Körper umgebenden Kraftspannungslinien und damit einen eigenen Ätherdruck, wodurch der zwischen den Atomen schwingende Leichtäther in die Körperoberfläche gedrängt wurde. Daraus entstand ätherische Oberflächenspannung oder Elektrizität.

VI. Die elektromagnetische Spannung, also die zentripetale Anziehungskraft der Schwersubstanz und die zentrifugale Fliehkraft des leichten Fliehäthers verbanden die differenzierten Atome zu Molekülen. Im Molekül war die elektromagnetische Energie nicht nur konstant, sondern auch stetig arbeitstätiger, daher entstand die Molekular- oder strahlende Wärme.

VIII. Durch elektrische Entladungen entsteht Kraftverlust an der betreffenden Entladungsstelle B, daher ist hier die Medioma weniger gespannt, daher negativ. Die entgegengesetzte Seite A wird umso stärker die Energie beisammen halten, daher dort positive Medioma. Kristalle, zum Beispiel, haben harte blanke und rauhe matte Seiten. Die Elektrizität kommt jedoch meist rechtsseitig und nicht linksseitig zur positiven Ladung und Entladung. Bei alledem bleibt die Medioma rechtsseitig positiv. Dieser scheinbare Widerspruch wird später erklärt.

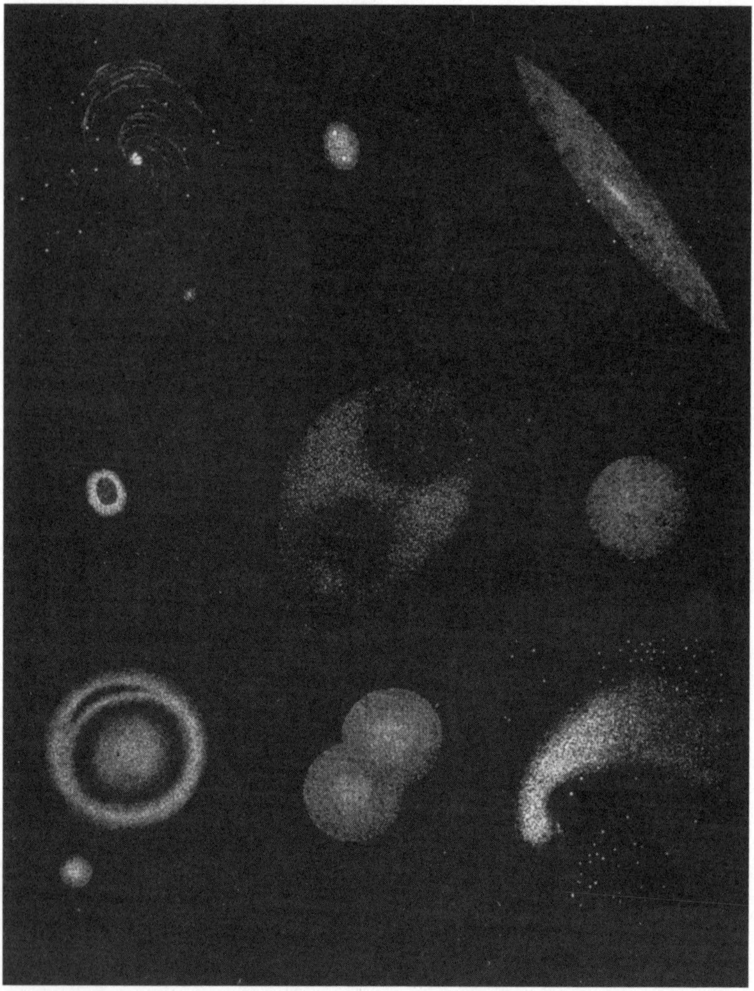

7 Die noch heute beobachtbaren Weltnebel als werdende kosmische Körper. Wie diese Weltnebel sich aus dem Weltäther entwickelt haben, so ist auch unser Sonnensystem aus dem gleichen Urstoff hervorgegangen.

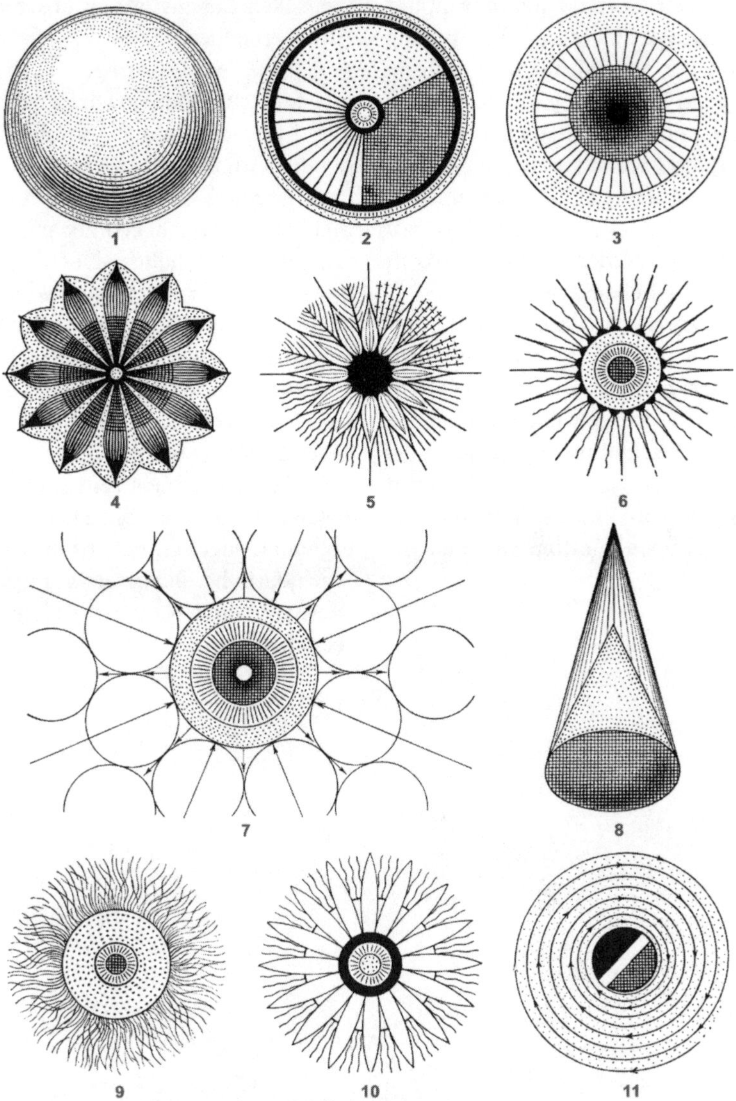

8 Studien zur Ätherlehre. Die drei Grundbestandteile des Uräthers, Ruhe-, Bewegungs-, Empfindungsäther. Aus dem Ruheäther bildeten sich die Hartmedioma-Isionen, die Elektronen, die chemischen Atome und die Moleküle, wie es die Tafel 6 angibt.

tesausdruck des innern Empfindungscharakters in Verbindung mit der Willfährigkeit zur Form und in Verbindung mit der Anpassung dieser Form auch an äußere, sie umgebende geistige, chemische und physikalische Einflüsse. Je stärker die Empfindungskraft ist, desto stärker ist die Formkraft und die Lebenskraft.

Die Lebenskraft wurzelt also nicht in chemischen und nicht in physikalischen Kräften, sondern sie wurzelt in empfindenden Ätherkräften, in so genannten astralen Energien. Die Lebenskraft ist aber mit chemischen und physikalischen Kräften in allen organischen Lebensformen unserer Erde verbunden.

Unser scharfsinniger Altmeister der Naturforschung und der Medizin, Rudolf Virchow, der den Grundsatz aufgestellt hat, dass Leben aus Leben und niemals aus Totem hervorgegangen ist, hat recht behalten. Doch wie das Leben entstanden ist, das hat auch Virchow nicht zu erklären vermocht. Er war aber mit vielen anderen Naturforschern der Ansicht, dass die Erklärung, die die Materialisten anwenden, nämlich, dass Leben aus rein chemischen oder aus mechanischen Energien erzeugt sei, ein Irrtum ist. Auch darin hat dieser ehrwürdige Meister wahrer Naturerforschung recht behalten.

II
Die naturwissenschaftliche Forschungsmethode über die Entstehung des Menschen und über die Entdeckung der Helioda

Durch meine logischen, philosophischen, physikalischen und psychophysiologischen Beweise, dass die Materie Empfindungsvermögen besitzt, sind eigentlich auch *die Wurzeln der Lebenskraft* gefunden. Unter der Lebenskraft selber aber, wie sie in den organischen Lebewesen unserer Erde auftritt, verstehe ich noch etwas Besonderes. Das Empfinden haftet jeder Materie an, Leben im höheren Sinne aber wohnt nur den Lebewesen inne. Dieses höhere *Leben* setzt also eine höhere Kraft voraus.

Ich nenne diese Kraft Helioda und verstehe darunter die empfindende, organisierende, formbildende, charaktergestaltende und strahlende geistige Kraft, die unabhängig von der Gehirnkraft planmäßig arbeitet und ihre stärkste Konzentration und Energie in den Geschlechtszellen, und zwar sowohl der Geschlechtsorganzellen als auch der Fruchtzellen selber, entfaltet. Das gesamte Nervenleben, schließlich auch das Gehirn, ist aus der Lebenskraft Helioda und aus den geschlechtlichen Keimzellen hervorgegangen. Bei der lebenden Zelle unterscheidet man drei Grundbestandteile:

1. Das allgemeine Zellprotoplasma,
2. den Zellkern, der gewöhnlich inmitten des Zellfleisches rechtsseitig geneigt liegt, und
3. das Zentrosom, das Strahlkörperchen der Zelle, das neben dem Zellkern meist linksseitig geneigt auftritt.

Alles Leben auf unserer Erde ist aus lebendem Eiweiß und aus den lebenden Zellen, die sich aus dem lebenden Eiweiß organisiert haben, herausgewachsen.

Alle ersten Lebenskeime von Pflanzen, Tieren, Menschen waren lebende Zellen.

Nun ist in der Pflanzenzelle das Strahlkörperchen noch nicht beobachtet worden. Aber das schließt nicht aus, dass es darin vorhanden ist, es scheint nur schwächer konzentriert und organisiert darin vorhanden zu sein. In den lebenden Zellen von Tieren und Menschen ist das Zentrosom beobachtet worden. Meinen vergleichenden Forschungen nach ist im Zentrosom die Lebenskraft HELIODA ganz besonders konzentriert gesammelt.

Sie ist das Zellhirn, die geistige Zentrale, die Muttersubstanz des ersten Nervenganglions und die Triebkraft alles Lebens und Geistes des Individuums.

Ich erbringe hierfür den

ersten Beweis:

Philipp Stöhr (1857-1911) und andere haben nachgewiesen, dass da, wo sich Zellteilung ohne Mitwirkung des strahlenden Zentrosoms abspielt, also wo eine rein amitotische Kernteilung stattfindet, die daraus hervorgehenden neuen Zellen sterben.

Zweiter Beweis:

Die Zeugung geht dadurch vor sich, dass die mit starkem Zentrosom geschwängerte männliche Samenzelle in die weibliche Fruchtzelle eindringt, eine Verschmelzung beider Kernsubstanzen bewirkt und dann sich und die Kernsubstanz teilt. Die Kernsubstanz folgt genau den örtlichen Veränderungen und Bewegungen der zwei neugebildeten Zentrosomenstrahlkörper, also den geistigen Leitkräften, sie lagert sich um sie und die Zelle teilt sich da, wo die größten Entfernungen von den geistigen Zentralen, den Zentrosomen ist, also da, wo die Lebenskraft am meisten geschwächt und am wenigsten unter Einfluss der konzentrierten Lebensenergie des Zentrosoms steht. Auf diesem Wege geht auch die geistige und körperliche Vererbung vor sich. Alle Zellen, die aus der ersten befruchteten Zelle hervorgegangen sind, tragen alle geistigen, chemischen, physischen und körperlichen Energien der ersten Fruchtzelle in sich. Die Zeugung gibt dem neu erzeugten Leben den Grundcharakter mit. Dieser kann durch Erziehung nur wenig verändert werden. So wie diese Zeugungs- und Vererbungsgesetze sich vor unseren Augen täglich abspielen, so muss es ähnlich auch mit jeder Urzeugung gewesen sein. Die Grundarten der Lebewesen sind nicht entwickelt, sondern gezeugt, sie können al-

Periode VIII zeigt den Entwicklungsgipfelpunkt in der heutigen Landschaft mit ihren Landtieren und mit den Durchschnittsmenschen als Primärtier. Die neunte Periode, in der die Gegenwartsmenschen durch die Psychophysiognomik hinwachsen, beginnt durch die Erkenntnis, dass das menschliche Gesicht das höchste Studienobjekt der Natur ist. Die zehnte Periode ist das Ideal- oder Gottmenschentum, das die Kallisophie dieser Lehre anbahnt.

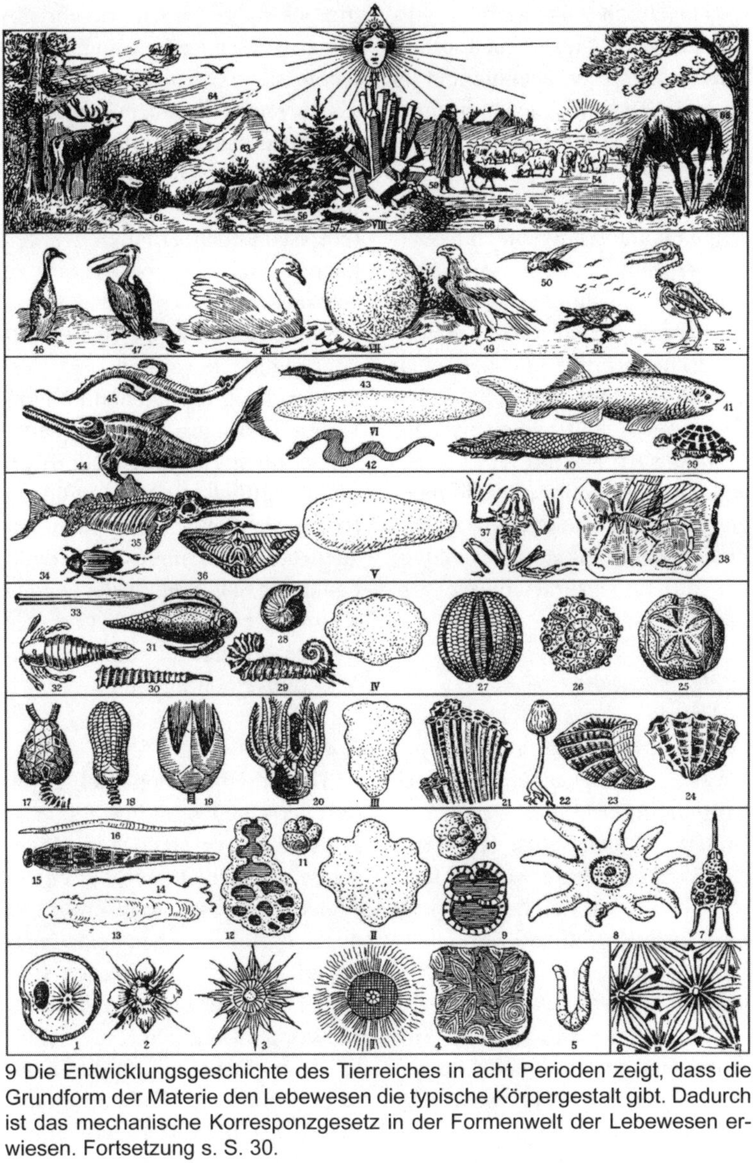

9 Die Entwicklungsgeschichte des Tierreiches in acht Perioden zeigt, dass die Grundform der Materie den Lebewesen die typische Körpergestalt gibt. Dadurch ist das mechanische Korresponzgesetz in der Formenwelt der Lebewesen erwiesen. Fortsetzung s. S. 30.

so nur durch Urschöpfung entstanden sein. Diese Urschöpfung spielte sich aber zuerst nicht in chemischen und mechanischen, sondern in Empfindungsenergien ab.

Jedenfalls haben verschiedenartige Qualitäten lebenden Eiweißes ursprünglich auf unserer Erde existiert, und nur aus der höchsten Eiweißqualität mit der stärksten Lebenskraft kann sich auch die höhere Art der Lebewesen später entwickelt haben, wie wir sie in der Art Mensch vor uns sehen. Das Ureiweiß war also nicht gleichwertig, sondern es war qualitativ verschieden, je nachdem wie die Lebenskraft in ihr verschieden war.

Dritter Beweis:

Durch Lebenskraftstrahlungsübertragungen kann die geschwächte Lebenskraft eines Körpers gestärkt, das Leben verlängert, können selbst schwerste Krankheiten geheilt werden. Dieser Beweis ist durch zahlreiche Experimente erbracht.

Vierter Beweis:

Menschen und Tiere mit schwacher angeborener Lebenskraft haben auch eine schwache Formspannungsenergie und eine schwache Lebensstrahlungsenergie, sie mögen noch so sehr gepflegt werden und gesundheitlich leben, sie sterben früh aus Mangel an vererbter Lebenskraft. Daraus folgt, dass nicht mit Medikamenten, nicht einmal mit Nährmitteln und natürlichen Heilmitteln das Leben erhalten werden kann, wenn die Lebenskraft zu schwach anerzeugt und angeboren war. Nur direkte Lebenskraftübertragungen stärken und verlängern in einem solchen Fall das Leben. Dahingegen können Menschen mit starker Lebenskraft oft gesundheitlich sehr ungünstig leben, sie bleiben trotzdem gesund und widerstandsfähig, werden auch nie von ansteckenden Krankheiten infiziert, und sie werden oft sehr alt selbst bei Tabak- und Alkoholgenuss.

Fünfter Beweis:

Durch Hellfühlen stellte ich die verschiedengradige Lebenskraft der verschiedenen Menschen und der Organe bei einem Menschen fest und ermittelte auch, dass Menschen und Organe mit starker Lebenskraft stärker, mit schwacher Lebenskraft schwächer strahlen. Ich fühlte diese Strahlen als besondere feine, weiche Strahlen heraus, die sich von allen andern unterscheiden, die jede leblose Mate-

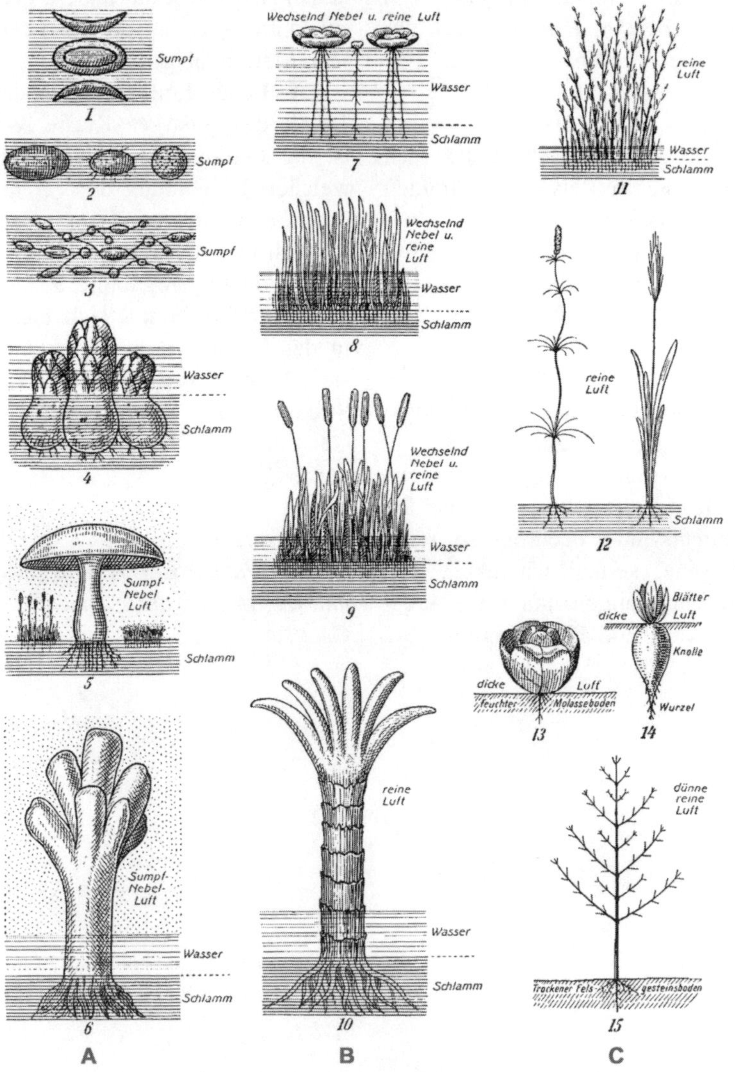

10 Studientafel zur Entwicklungslehre der Pflanzenformen und Naturelltypen. Bei A ist im Sinne der Naturelllehre das Ernährungsleben vorherrschend, bei B das ‹Bewegungs›-Leben und bei C das Empfindungsleben.

rie durchdringen, hingegen von den lebenden Körpern stark absorbiert werden.

Sechster Beweis:

Ich habe festgestellt, dass sich Gedanken mittels dieser Strahlen übertragen lassen und dass der Gedanke die Mimik und die Physiognomie, die Formen und Bewegungen beeinflusst.

Siebenter Beweis:

Auch Gefühle, Empfindungsvorgänge, Neigungen, Triebe, Willensrichtungen übertragen sich auf alle Körperteile des Erzeugers und beeinflussen seine Organe, seinen Charakter, seine Handlungen und seine äußere Form und Physiognomie. Sie lassen sich selbst auf andere Personen und auch auf die anorganische Materie übertragen.

Die Lebenskraft ist daher der Träger der geistigen Kräfte und ist die Leitkraft im Leben, von welcher die Bildung unserer inneren und äußeren Organe, also auch unserer äußeren Gestalt, Form und Physiognomie abhängig ist. Es offenbart sich daher in der Organisation, in der Gestalt, Form, Farbe, Spannung und Strahlung das Seelenleben, der Geist und der Charakter, und daher lehre ich:

«Aus allem Lebenden strahlt der Charakter des Lebens aus, und aus den Formen spricht der Geist!»

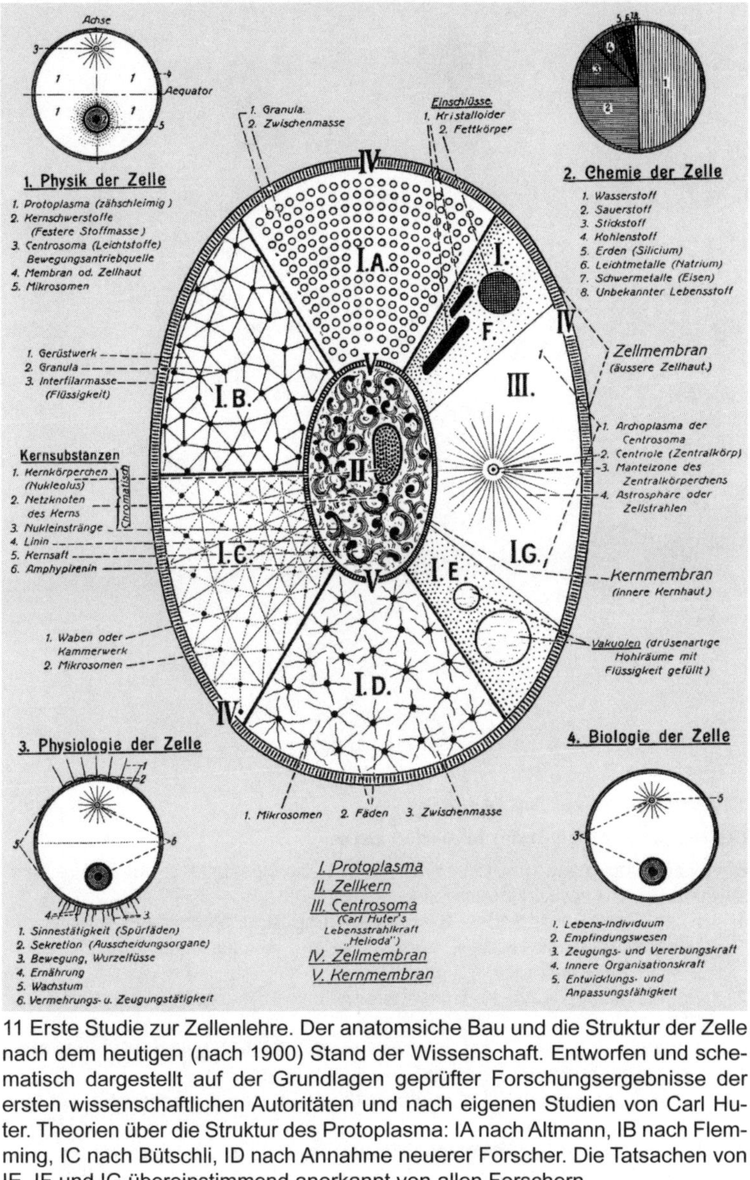

11 Erste Studie zur Zellenlehre. Der anatomsiche Bau und die Struktur der Zelle nach dem heutigen (nach 1900) Stand der Wissenschaft. Entworfen und schematisch dargestellt auf der Grundlagen geprüfter Forschungsergebnisse der ersten wissenschaftlichen Autoritäten und nach eigenen Studien von Carl Huter. Theorien über die Struktur des Protoplasma: IA nach Altmann, IB nach Flemming, IC nach Bütschli, ID nach Annahme neuerer Forscher. Die Tatsachen von IE, IF und IG übereinstimmend anerkannt von allen Forschern.

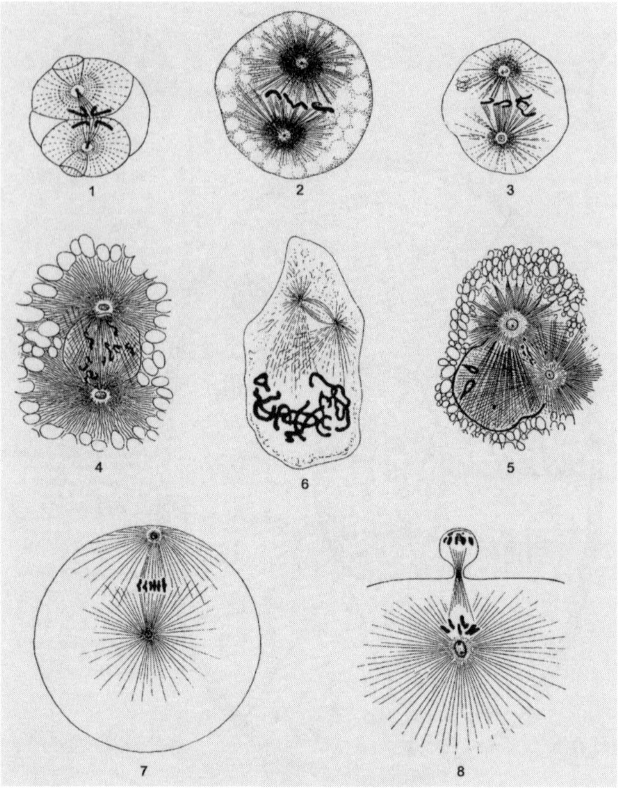

12 Zweite Studie zur Zellenlehre.

Die Heliodastrahlen in der lebenden Zelle.

Beweisführung, dass das Leben und alle Lebensgestaltung auf die Lebensstrahlen Helioda zurückzuführen sind.

1 Erste Furchungsspindel, Kernumlagerung und Neubildung infolge der Lebensstrahlkraft Helioda, beobachtet bei Ascaris nach van Beneden, 2 nach von Konstanecki, 3 nach Boveri.

2+5 Spindelbildung und Kernumlagerung bei Thysanozoon nach van der Schlicht.

6 Spindelbildung und Kernumlagerung infolge Strahlursachen, beobachtet von Hermann in den Hodenzellen des Salamanders.

7 Erste Richtungsspindel, verursacht durch Strahlung, beobachtet von Mac Farland bei Diaulula.

8 Bildung des ersten Richtungskörpers bei Diaulula, beobachtet von Mac Farland.

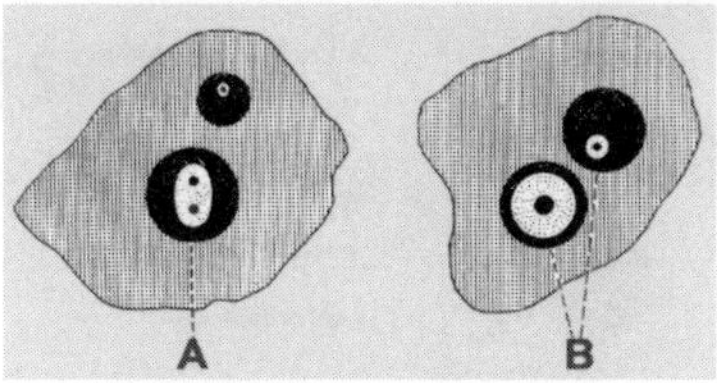

13 Reine chemisch-materielle oder ungeistige Teilung des Zellkerns ohne Mitwirkung und Mitvererbung der geistigen Strahlung der Helioda, Folge Tod.

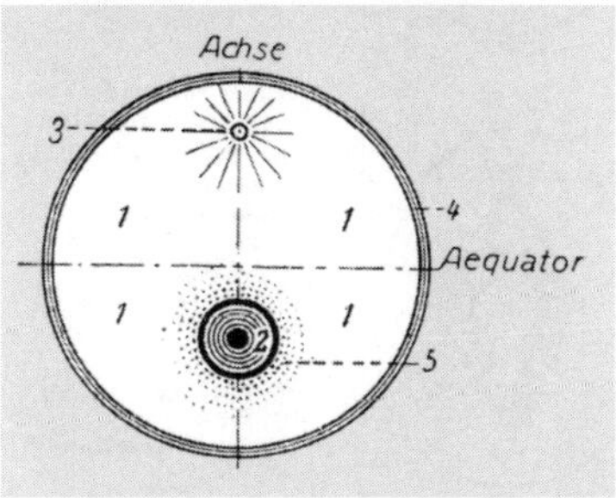

14 Das triale Prinzip in der lebenden Zelle.

1 Lebende, empfindende Protoplasmamasse
2 materielle Zentrale, Zellkern
3 geistige Zentrale der Helioda.

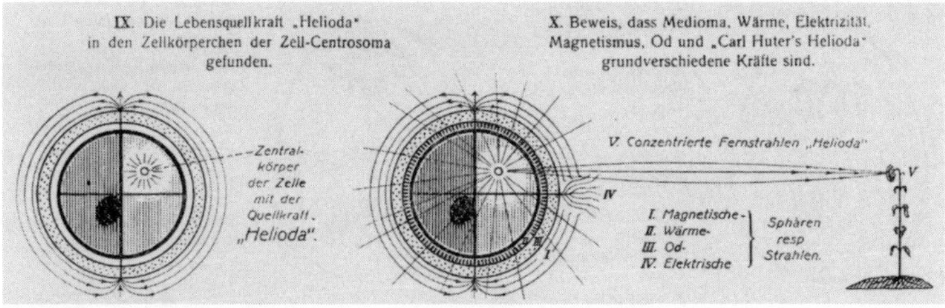

15 Die konzentrierte Lebenskraft Helioda ist das geistige, schöpferische Triebleben in der Zelle, das auch fernwirkend auftreten und die Umgebung lebensstärkend beeinflussen kann.

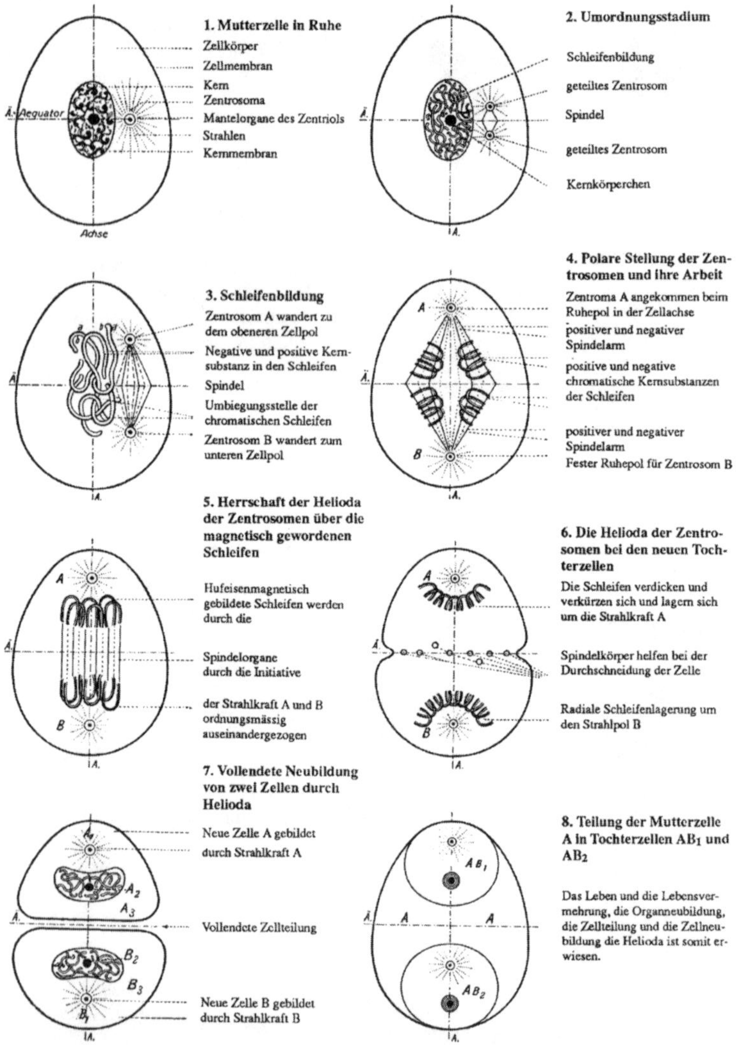

16 Dritte Studie zur Zellenlehre. Beweisführung, dass die Zellteilung und Vermehrung sowie die Vererbung und das Fortleben und Fortzeugen durch die geistige Energie, der Lebenskraft HELIODA bewirkt wird.

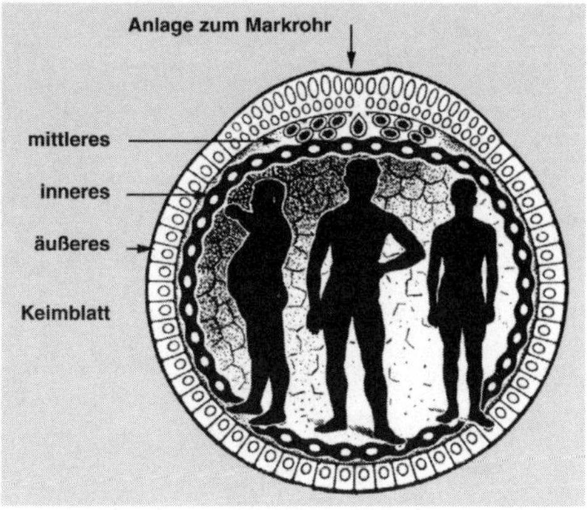

17 Die Keimblase mit den drei Keimblättern sowie den durch eine anlagebedingte bevorzugte Entwicklung eines der drei Keimblätter entstehenden Körperbautypus. Aus der bevorzugten Entwicklung der Organe, die aus dem äußeren Keimblatt entstehen, vor allem die Haut und das Nervensystem, bildet sich das Empfindungsnaturell (rechts). Aus dem inneren Keimblatt entsteht das Ernährungssystem, durch bevorzugte Entwicklung dieses Organsystems in der Folge das Ernährungsnaturell. Aus dem mittleren Keimblatt entsteht das Bewegungssystem, durch bevorzugte Entwicklung dieses Organsystem entsteht das Bewegungsnaturell.

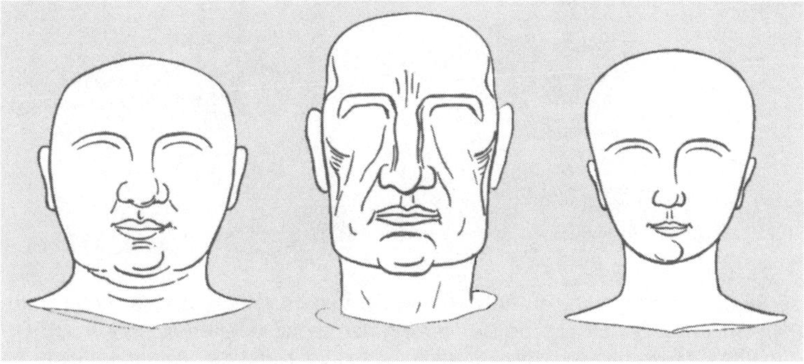

18 Die Kopf- und Gesichtsphysiognomie des Ernährungs-, Bewegungs- und Empfindungsnaturells.

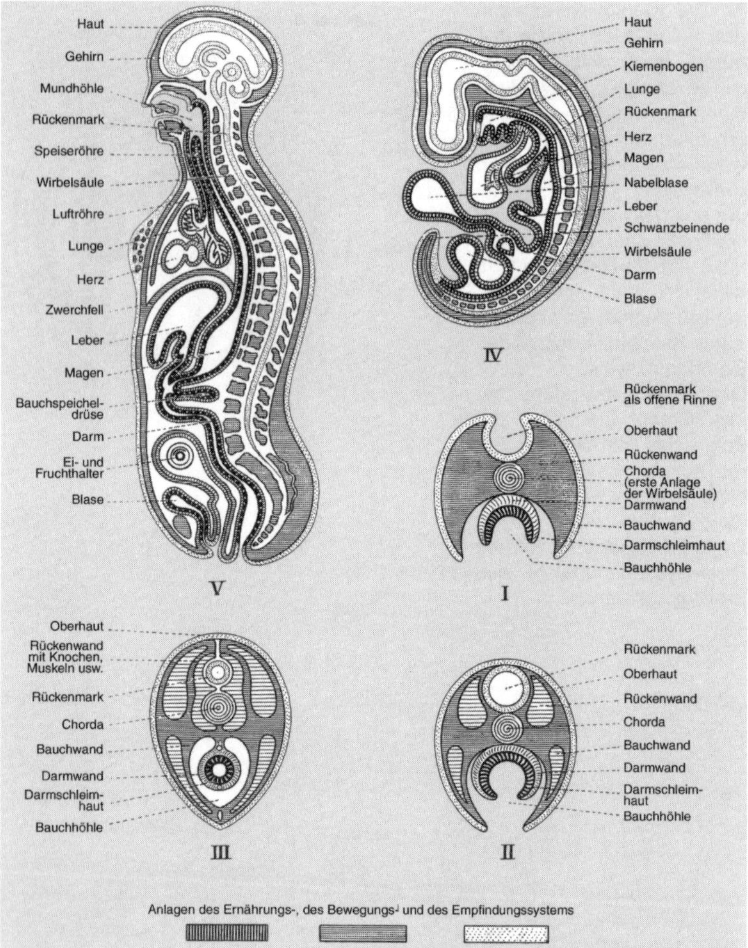

19 Studie zur embryonalen Entwicklung der Organsysteme als Basis der Naturelltypenlehre. Schematische Darstellung der verschiedenen Apparate und Organe des menschlichen Körpers nach Carl Huters und des Anthropologen Johannes Rankes getrennten und übereinstimmenden Anschauungen. Die Entstehung des Menschen aus dem befruchteten Ei, mit dem Ernährungs-, Bewegungs- und Empfindungssystem. Durch das bevorzugte System wird ein besonderer Körper- und Gesichtstypus gebildet. Diese Entdeckung von Carl Huter bildet eine der wichtigsten Grundlagen der modernen wissenschaftlichen Psychophysiognomik. Die geistige Grundrichtung entwickelt sich aus dem angeborenen Naturell.

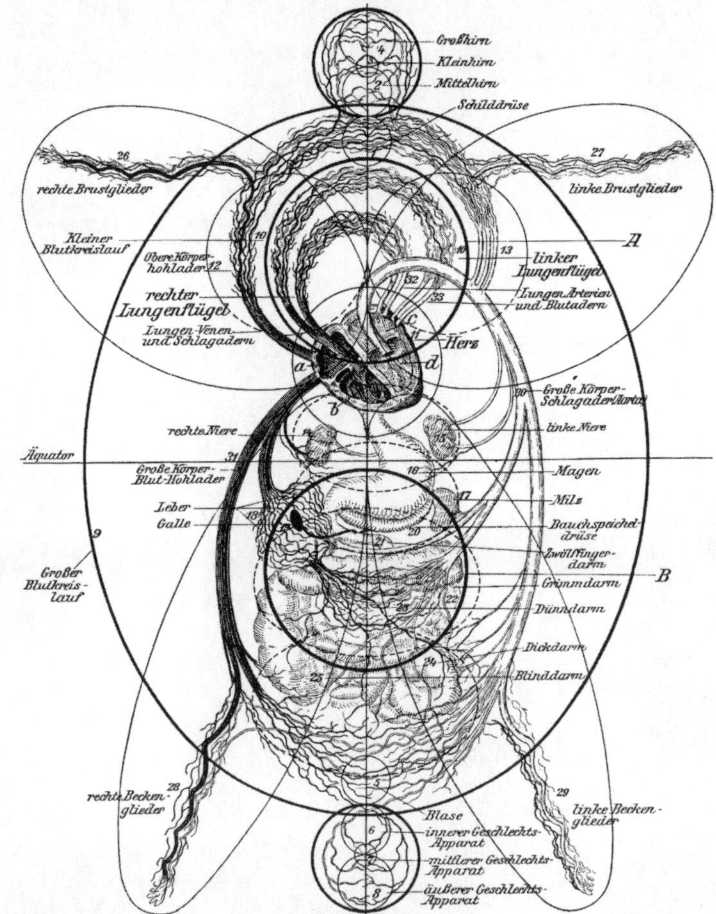

20 Ein neues Herz- und Kreislaufschema. Der menschliche Blutkreislauf und die organische Grundlage der Glieder, der Zentralorgane und der Körpermassen nach Carl Huters mathematisch-physikalisch-biologischer Weltformel. Entworfen und gezeichnet von Carl Huter. Die organisierende Helioda als mathematisch denkende, wollende und vollbringende Geisteskraft unserer inneren und äußeren Organisation. Das Gehirn, das Herz und der Geschlechtsapparat liegen in der magnetischen Achse. Gehirn- und Geschlechtsorgane liegen sich polar. Das Herz steht annähernd im Brennpunkt der Ellipse. Gegenüber dem vorherrschend arteriellen oberen Blutkreislauf steht ein venöser unterer. Die Beine sind magnetische, die Arme elektrische Glieder.

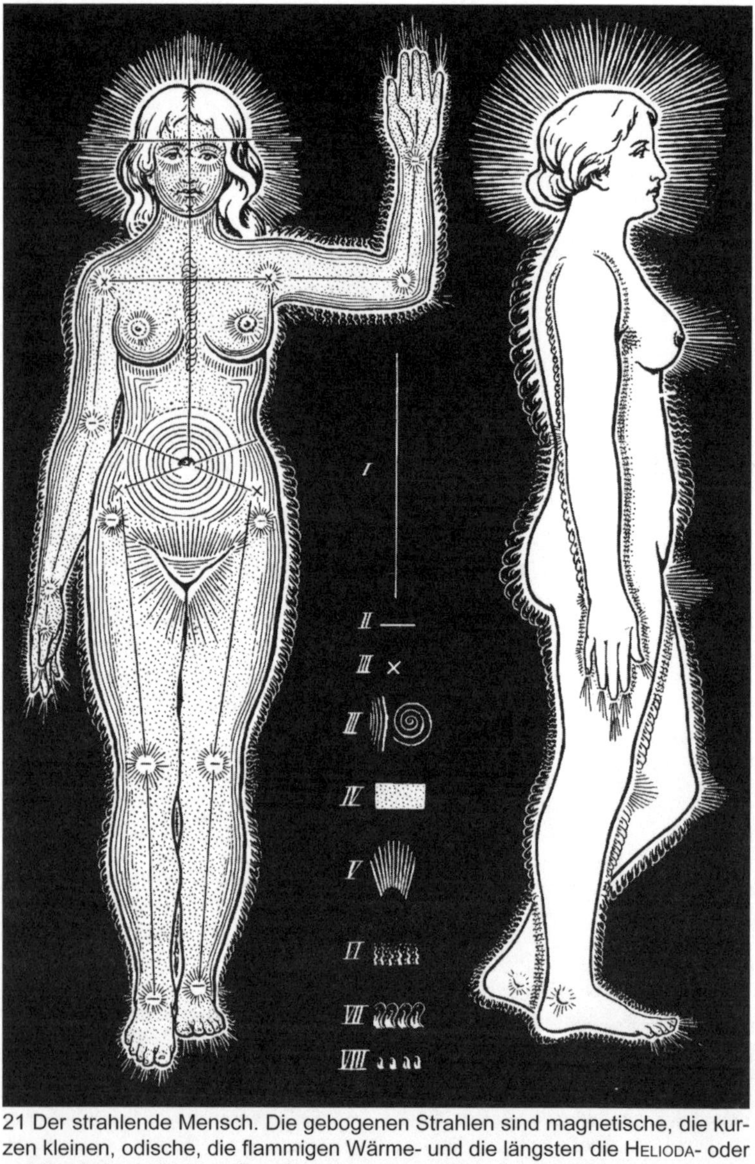

21 Der strahlende Mensch. Die gebogenen Strahlen sind magnetische, die kurzen kleinen, odische, die flammigen Wärme- und die längsten die Helioda- oder geistige Lebensstrahlen. Der Charakter der verschiedenen Strahlen ist von Carl Huter experimentell festgestellt worden.

III
Die psychologische Forschungsmethode über den Menschen

Gibt es eine Methode, die Talente und Anlagen bei Kindern und Erwachsenen zu erkennen? Ein Beitrag zur Frage über die Grenzen von Drill, Schule, Talent und Genie.

Es ist gewiss eine weise Vorsehung der Natur, dass sie fast jede Gattung, jede Art, ja jedes Individuum mit besonderen Begabungen ausgestattet hat.

Diese angeborenen Naturtalente sind für den Charakter, die Lebensart und Tätigkeitsweise eines jeden Individuums die richtunggebenden.

Die Schule kann diese Grundkräfte nur bilden und entfalten. Daher soll man sich über diese Tatsache nie hinwegtäuschen und etwa glauben, was in einem Menschen nicht liegt, das könne durch Schulen in ihn hineingebildet werden. Solche Hineinbildungen, wo keine Begabungen vorhanden sind, machen nur eingebildete, keine gebildeten Menschen.

Die heute herrschende Auffassung, dass jeder durch Unterricht und Schulen, Erziehung und Training mit Geld, Zeit und Aufwendung großer Willensenergie alles erreichen könne, ist ein Irrtum, der nicht zur Höchstleistung führt, sondern meist zur Erschöpfung und schließlich zum geistigen und physischen Bankrott der Kräfte.

So schafft man nur eine eingebildete Kaste, die Staat und Volk belastet, Talente beneidet und unterdrückt und nach und nach die Pfuscherei zum zünftigen Handwerk der Wissenschaft erhebt.

Wir brauchen daher eine praktisch anwendbare Methode, durch die sich sicher erkennen lässt, welche besonderen Anlagen, Neigungen und Talente einem Individuum von Natur aus besonders mitgegeben worden sind, welche Anlagen bei ihm unbewusst schlummern und eventuell nur geweckt zu werden brauchen, um sie in Tätigkeit treten zu lassen, die dann geschult und zu hervorragenden Arbeitsleistungen ausgebildet werden können.

Wer bei sich etwas herausbilden will, wozu er nur geringe Begabung oder gar kein Talent hat, der gleicht jenem Tor, der aus einem leeren Wassereimer einen Bottich Wein füllen wollte. So grob dieser Vergleich erscheinen mag, so wahr illustriert er den herrschenden Wahn unserer Zeit, der durch Sport-, Geistes- und Leibesübung, Schule und Drill das erreichen zu können vermeint, was andere, sagen wir, was besonders hervorragend veranlagte Menschen in ihrem Beruf erreicht haben.

Alle Achtung vor Schulen jeglicher Art, sie vermögen viel, aber sie vermögen nicht alles. Es gibt ein Etwas, das alle Bildung, alle Kunst und alle Fachwissenschaft überflügelt, das ist *das angeborene Talent.* Die anerzeugte und angeborene Geisteskraft braucht zur Entfaltung nur geringen Kraft- und Zeitaufwand. Sie erreicht durch innere Intension, Geschick und Selbstschulung oft weit mehr, als alle Schulweisheit und Willenskraft der talentlosen, eingebildeten Gebildeten. Einige Beispielen veranschaulichen dies:

Der König der Maler, Raffael[5], strich und bemalte als armer Knabe die Marktbuden seiner Heimat und erhielt später nur wenig Unterricht. Raffael hatte keine großen Mittel zur Verfügung, um viele Schulen und Akademien zu besuchen, Vorträge anzuhören und Bücher zu studieren. Es lag alles in ihm, er war der geborene, gottbegnadete Maler. Er wurde der größte Meister der Malerei durch sich selbst, kraft seiner genialen Veranlagung.

Ein anderer Meister, Defregger[6], war bis zu seinem 30. Lebensjahr Kuhhirt und Bauernknecht. Es wurde ihm vom Direktor der Münchner Akademie, Professor Piloty[7], welcher auf einer Studienreise durch das Tirol in dem Bauernburschen einen talentierten Zeichner entdeckte, Gelegenheit zur künstlerischen Schulung geboten; Defregger ging mit Piloty nach München und wurde, wenn auch mit Hilfe der Schule, ein tüchtiger Maler. Niemand wird bei ihm das einzigartig in ihm liegende Naturtalent verkennen können, wodurch er eben Defregger mit seinen lustig kernigen Tirolerbildern geworden ist.

Dieses Etwas hat nicht die Schule in ihn hineingebildet, das lag vielmehr in ihm. Es war sein geistiges Eigentum, sein einzigartiges individuelles Heiligtum, in dem er unnachahmlich war. So war es bei Raffael mit seinen Madonnen und anderen religiösen Bildern, so war es bei Lenbach[8]

5 Raffaelo Santi, genannt Raffael, 1483-1520.

6 Franz von Defregger, 1835-1921.

7 Karl von Piloty, 1826-1886.

mit seinen vortrefflichen, durchgeistigten Porträts und so war es bei allen großen Meistern. Dieses besondere Etwas kommt nirgends so klar zum Ausdruck wie in der Kunst, und es ist in dieser wiederum nirgends so leicht erkennbar wie in der Malerei.

Alle großen Meister sind unnachahmbar, es gab nur einen Rembrandt[9], einen Rubens[10], einen van Dyck[11], einen Tizian[12], aber es gibt viele Illustratoren, viele kunstgewerbliche Zeichner und auch tüchtige Durchschnittsmaler.

Keiner unter diesen Vielen, und würde er sich auch noch so sehr Mühe geben und Kraft und Zeit aufwenden, ja, er könnte Tausende von Jahre alt werden, würde jemals einen jener Meister erreichen.

Wir sehen an diesen Beispielen, was die Schule vermag und was sie nicht vermag, wir sehen zugleich den Unterschied von Genie und Talent.

All die vielen Maler und kunstgewerblichen Zeichner haben ein gewisses Talent zum Zeichnen von Natur aus mitgebracht, und das vermochten die Unterweisungen tüchtiger Lehrer in Verbindung mit dem Fleiß ihrer Schüler zur schulgemäßen Ausbildung zu bringen, aber keine Schule der Welt vermag einen großen Meister zu bilden. Jeder große Meister ist nicht als Meister, aber doch stets mit seinen besonderen Gaben geboren, er wäre auch ohne Schule, wenn auch auf schwierigen, mühsamen Wegen allemal dahin gekommen. Für das Genie ist die Schule nichts weiter als ein Anregungsmittel. Man ist in Kunstkreisen schon längst dahin gekommen, dass die Schule sogar viel verderben kann, indem sie einem bedeutenden, originalen Talent hinderlich werden kann und auch schon oft geworden ist.

Daraus sollen wir die Lehre ziehen:

Alle Schule ist demokratischer, allgemeiner Natur, alle Begabung aber ist aristokratischer, individueller Natur.

Ich stelle daher dem verkehrten Satz ‹Drill ist alles› diesen entgegen:

‹Angeborene Begabung, natürliches Empfinden und Handeln, Talent, Genialität, autodi-

8 Franz von Lenbach, 1836-1894.
9 Rembrandt Harmensz van Rijn, 1606-1669.
10 Peter Paul Rubens, 1577-1640.
11 Anton van Dyck, 1599-1641.
12 Tiziano Vecellio, 1477-1576.

daktische Kunst und Bildung sind alles›.

Sie sind es im letzten Grunde ganz allein, wodurch alles Große durch seine Schöpfer geworden ist. Auch die Geschulten mussten das Beste durch sich selbst lernen.

Talente gibt es auf allen Gebieten. Es gibt talentierte Regenten und Gesetzgeber, Richter, Ärzte, Kaufleute, Techniker, Industrielle, Künstler, Schriftsteller, Maler, Bildhauer, Architekten, Musiker, Sänger, Dichter und Komponisten. Es gibt talentierte Feldherren und kühne Seefahrer, talentierte Sprachforscher, Menschenkenner, Redner, Mathematiker, Chemiker, Physiker, Physiologen, Anatomen, Biologen, Psychologen, Philosophen und Pädagogen. Es gibt talentierte Ethiker und Religionsstifter, und es gibt auch tüchtige, fast unersetzliche Kunsthandwerker, Handwerker, Landarbeiter, Viehzüchter, Knechte, Diener, Vorarbeiter, denen von der Natur für ihren Beruf ihre besondere gute Veranlagung mitgegeben wurde. Im Gegensatz zu diesen guten Anlagen können wir auch häufig unglückliche und schlechte bei Trinkern, Spielern, Betrügern, Dieben und Verbrechern aller Art beobachten, denen eine besondere Neigung zu ihrer Tätigkeitsrichtung vererbt worden ist.

Wer kein herausragendes Talent hat, mag sich in Schulen, Willensübungen, Opfern und Kasteien, Sport und Wettrennen aufreiben, all sein Wetten und Wagen führt doch nur zu einem mäßigen Erfolg.

Wer sich mit schwachem Talent einem Meister im Schachspiel gegenübersetzt und sich aufs Wettspielen mit ihm einlässt, wird alle fünf Minuten schachmatt gesetzt. Wozu also Kräfte vergeuden im Wettspiel, im Beruf oder im Kampf ums Dasein, wo das Talent fehlt. Man lasse darin Begabteren den Vortritt.

Ich kannte einen begüterten jungen Mann, er sollte ein Studium ergreifen und wählte sich die Malerei als Lebensberuf. Er wurde daneben auch ein tüchtiger Offizier und Hauptmann der Reserve, aber ein schlechter Maler. Er hatte viel Lust und Liebe zur Kunst, aber ihm fehlte das Talent dafür. Er besuchte viele Jahre erste Kunstakademien, machte weite Studienreisen, wurde Abstinent und Vegetarier, übte sich unaufhörlich durch Willensschulung, um ein tüchtiger Künstler zu werden, aber ein großer Maler wurde er trotzdem nicht. Er bekam vielmehr die Schwindsucht, verarmte durch allerlei geistige und materielle Opfer, die er dem Wahn gebracht hatte, dass Drill, Schule, Wille, Einsuggerierung und Hypnotisierung für eine Sache alles vermöchten, er starb mit diesem Wahn als Sonderling.

Manche haben schon wiederholt die Versuche gemacht, einfachen, mittellosen Arbeitern ein kleines Kapital zu verschaffen, damit diese sich damit selbständig machen oder ein kleines Geschäft eröffnen konnten. Das Geld ging aber verloren, das angefangene Geschäft ging zu Grunde. Die Leute hatten sich eingebildet, Kapital sei alles. Ich hatte ihnen gelehrt, dass Talent und Lust zur Sache und unermüdliche Arbeit, Energie und weise Wirtschaftlichkeit mehr wert sind als Kapital, um selbstständig zu werden und sich durchzuringen. Ich hatte recht behalten. Als Landarbeiter, Fabrikarbeiter, als Gesellen waren es tüchtige Leute in ihrem Fach und auch nüchterne, brave Menschen, aber als selbstständige Unternehmer oder Meister wurden sie Trinker oder Spieler, sie wurden hochmütig und nachlässig, und es ging mit ihnen moralisch und wirtschaftlich bergab.

Es gibt viele Tausende von Menschen, die vortreffliche Mitarbeiter, aber keine selbstständigen Unternehmer sind.

Auch das geschäftliche Talent will angeboren sein.

Die größten amerikanischen Millionäre, die die gewaltigen Gründungen geschaffen haben, sind meist arme Handwerksgesellen gewesen. Auch in Deutschland haben wir solche Beispiele. Der Gründer der großen Weltfirma Krupp[13] ist ein einfacher Feldschmied gewesen. Siemens[14], der Mitbegründer der Firma Siemens & Halske, war Mechanikergeselle. Der Besitzer der Sparherdweltfirma Senking[15] in Hildesheim war Schlossergeselle.

Im Verlags-, Buchdruck- und Zeitungswesen ist es ebenso; es ist auch nicht anders in der Textilindustrie. Talente sind es gewesen, die die großen Werke geschaffen haben und nicht das Kapital.

Nehmen wir dem Wirtschaftsleben diese Talente und die Möglichkeit ihrer freien Entwicklung, so unterbinden wir den Lebensquell des Wirtschaftslebens, und wir verarmen. Industrielle und kaufmännische Talente werden stets Kapital zusammentragen

13 Alfried Krupp, 1812-1887.

14 Ernst Werner von Siemens, 1816-1892.

15 Anton Senking, 1838-1904.

und große Industrien und Handelshäuser schaffen und Tausenden von Arbeitern, Technikern, Handwerkern, Kaufleuten und vielen anderen Brot und Obdach sowie eine gute Lebensexistenz verschaffen.

Man nehme diesen großen Betrieben ihre talentierten Betriebsleiter, und in wenigen Jahren sind sie mitsamt den großen Kapitalien, die ihnen zur Verfügung standen, unter den Händen von Unbegabten vollständig ruiniert, und alle Beamten und Arbeiter sind dauernd arbeitslos geworden. Das Kapital könnte eine Höhe haben, wer weiß wie hoch, es würde verloren gehen. Hunderte und Tausende von Millionen sind von ungeschickten Leitern von Fabriken, Bank- und Handelshäusern vergeudet worden. Das haben die vielfach vorkommenden Zusammenbrüche großer Banken, Handelshäuser und Industriewerke bewiesen.

Es gibt geschulte Fachleute ohne genügend Talent, sie werden ihren Lebtag Pfuscher bleiben, und es gibt ungeschulte Laien, Autodidakten, mit angeborenem Talent, die Meister in ihrem Fach sind und die in Technik, Kunst und Wissenschaft der herrschenden Schule ihrer Zeit vorausgeeilt sind. Solche Fälle können wir überall, wie die Geschichte und das tägliche Leben lehren, beobachten. Talentierte Autodidakten, geniale Menschen waren vorzugsweise die Träger allen Fortschritts; das hat neuerdings Graf Zeppelin[16] wieder bewiesen. Er hat als Autodidakt die hervorragende Erfindung des lenkbaren Luftschiffes gemacht.

Es können nicht alle große Talente sein, jeder soll sich mit dem bescheiden, was er ist, was er hat, was ihm von der Natur aus gegeben wurde und mit diesen Werten rechnen und arbeiten und nicht über das Maß seiner Kräfte hinaus unnötig Versuche machen oder sich auf Studien oder Unternehmungen einlassen, die ihn nur Zeit, Mühe, Geld und allerlei Opfer kosten, ihm aber nichts als Enttäuschung einbringen, weil er eben kein Talent dafür hat.

Wähle jeder den richtigen Lebensberuf, der für ihn passt, werde er darin tüchtig, wirtschafte er mit dem Verdienst einfach und weise und suche er sich so weit als möglich fortzubilden; er suche sich gute Menschen als Gesellschafter und Freunde und das Beste dazu, eine gute Gattin, dann begründet er sein Lebensglück.

16 Graf Ferdinand von Zeppelin, 1838-1917.

Daraus ergibt sich folgende Lehre:

Nicht das Kapital allein macht es, nicht die Schule allein macht es, auch nicht die Lust und der gute Wille reichen aus, um zu großen Erfolgen zu kommen, sondern das Talent gibt den Ausschlag, wenn es mit Energie, Kapital, gutem Willen und Schule zusammenwirkt.

Drill ist häufig allerdings etwas Notwendiges überall da, wo es gilt, eine geringe Begabung zur höchstmöglichen Steigerung und Leistungsfähigkeit zu bringen.

Die wirklichen Höchstleistungen unter den Gedrillten werden aber bei alledem wiederum nur durch Höchsttalente erreicht.

Diese Tatsachen sollten uns weiter zur Genüge belehren, dass die Schlagworte «Wissenschaft» oder «akademische Bildung» oder «Kapitalismus» oder «alles durch den Willen» nur einen begrenzten Wert in sich tragen und dass alles von irgendeinem geborenen Talent oder Genie überflügelt werden kann.

Wer bürgt beispielsweise dafür, dass nicht irgendein großes Genie eines Tages aufsteht und das gesamte Lehrgebäude der Physik über die Gravitation der Himmelskörper oder über die Wellenbewegung des Lichts über den Haufen wirft und durch irgendeine Entdeckung das Wesen der Atome eine noch ganz andere Erklärung finden wird, so dass sich unser heutiges Weltbild als ein recht unvollkommenes herausstellt?

Die Entwicklungslehre hat in den letzten Dezennien schon einen gewaltigen Umschwung herbeigeführt, aber die Welt- und Lebensrätsel hat sie noch lange nicht gelöst. Überall gibt es noch Rätsel zu lösen.

Es ist längst erkannt, dass die moderne Weltanschauung ebenso viele Lücken an Wissen hat, wie sie uns fortschrittliche Erkenntnis gebracht hat. Genau so, wie einst Kopernikus[17] und Galilei[18] ein neues Weltbild schufen, alles Schulwissen der damaligen Zeit über das Weltsystem sich als Irrtum herausstellte, ebenso kann auch heute oder morgen ein Genie aufstehen, das mehr sieht, als alle vor ihm gesehen haben, und das nachweist, dass viel, worauf man heute das Wort Wissenschaft anwendet, eitel Truggebilde ist.

Wir sollten daher die Tatsache beherzigen lernen:

17 Nikolaus Kopernikus, 1473-1543.

18 Galileo Galilei, 1564-1642.

Alles menschliche Wissen ist Stückwerk, über allem Wissen steht das Glauben und das Hoffen, das Streben und die Selbstarbeit und Selbsterkenntnis sowie die intuitive Erleuchtung.

Das Erkennen und Fördern großer Geister, die stets geboren werden und die keine Schule züchten kann, ist alles.

Wir lernen hieraus Folgendes: Es ist der Mühe wert, dass wir danach zu forschen suchen, ob durch gewisse äußere Zeichen, und seien sie auch noch so klein und fein und schwierig zu erkennen, das Wesen einer jeden Person erkannt werden kann, ob jedes Talent, jeder zukünftige Charakterzug, jede Schwäche, jede Neigung, jede Leidenschaft und auch jede Unfähigkeit für diese und jene Tätigkeitsrichtung oder Lebensweise schon bei einem Kind erkennbar seien.

Sollte das möglich sein, dann hätten wir den Schlüssel zu einer wissenschaftlichen Psychophysiognomik und Charakterologie gefunden, wir könnten dadurch die richtigen Mittel zur wahren Erziehung, die bei jedem Kind erforderlich sind – nach dessen individueller Eigenart – anwenden, und wir hätten ein wertvolles System geistiger Ökonomie gefunden, das jedem unnötigen Kraftverbrauch bei Lehrern und Schülern, Kindern und Erwachsenen Einhalt tun würde. Wir würden keine Kraft, keine Zeit und kein Geld mehr aufwenden, wo es nutzlos ist, und wir würden es überall da anwenden, wo wir der Erfolge sicher wären, also bei Talenten.

«Talente entdecken und unterstützen», sei das Schlagwort der Zukunft, *«für die Begabten die Gunst, die Schulen, das Kapital frei!»*

Ich glaube nun diese Methode einer wissenschaftlichen Charakterologie durch meine Naturelllehre, die ich als Grundlage zu einer wissenschaftlichen Psychophysiognomik in mehreren meiner Schriften seit einer Reihe von Jahren veröffentlicht habe, gefunden zu haben. Ich habe in meinem großen illustrierten Lehrwerk «Menschenkenntnis»[19] und im «Leitfaden»[20] zu diesem Werk sowie in der Abhandlung «Die Naturelllehre als Grundlage der praktischen Menschenkenntnis»[21], diese Lehren in der Hauptsache kurz zusammengefasst bekanntgegeben.

Eine der begabtesten unter den Studierenden meines Systems der wissenschaftlichen Psychophysiognomik, Irma Fleischhacker, welche schon längere Zeit als

Unterrichtende, Vortragende und freie Schriftstellerin wirkt, fasst die Grundlagen, die Mittel und die Ziele meiner Lehren in einem Artikel zusammen, welcher in der Zeitschrift «Illustrierte Blätter für praktische Menschenkenntnis», Januar 1910, veröffentlicht wurde.

Da dieser Artikel sehr instruktiv und belehrend abgefasst ist, so will ich ihn an dieser Stelle bekanntgeben zur weiteren Einführung in alles Nachfolgende.

19 Carl Huter: Menschenkenntnis durch Körper-, Lebens-, Seelen- und Gesichtsausdruckskunde auf neuen wissenschaftlichen Grundlagen, 1904-1906, Neuauflage 1992, Carl-Huter-Verlag Zürich.

20 Carl Huter: Leitfaden zu meinem System der Psychophysiognomik, 1909, Neuauflage Zürich 1989.

21 Carl Huter: Die Naturelllehre als Grundlage der praktischen Menschenkenntnis, 1907, Neuauflage Zürich/Waldshut-Tiengen, 2004.

IV
Gehirnbau, Gesichtsbau, Entwicklungslehre und Geisteswissenschaft

«Wenn die alte Geisteslehre auf dem Dogma verharrt, das Geistige sei immateriell, so hat der große Philosoph und Pädagoge Herbarth[22] dieses eiserne Dogma, das von den Theologen alter Zeit vertreten wurde, durchbrochen, denn er lehrte den Einfluss des Geistigen auf das Materielle und die Beziehungen der Erziehung zu den Umformungen des körperlichen und geistigen Lebens. Er war ein durchdringender Beobachter und scharfer analytischer Denker, er begründete die neue, klassische Schule der Pädagogik.

Durch Herbarth wurde die Erziehungskunst zur Wissenschaft erhoben, er erreichte das auf Grund seiner bahnbrechenden neuen Welt- und Lebensauffassung in Verbindung mit einer analytischen Seelenlehre.

Was Herbarth aber nicht ganz gelang, nämlich das Geistige nicht nur aus den Erfahrungen, sondern auch unmittelbar aus den Formen zu erforschen, das ist dem Begründer der Psychophysiognomik und neupsychologischen Schule, Carl Huter, gelungen. Er hat die Psychologie der Formen und des Lebensausdrucks, die Analyse des Geistigen weit konzentrierter und treffender in der Natur gefunden und in seiner Psychophysiognomik niedergelegt.

Der Neupädagoge wird sich daher mehr oder weniger mit Carl Huters Formenpsychologie beschäftigen müssen, will er ein ganzer Seelenkenner und möglichst vollkommener Jugenderzieher werden.

Wir bringen daher zur Einführung in die Neulehre dieses Forschers heute einige anschauliche Illustrationen aus dessen großem illustriertem Lehrwerk «Menschenkenntnis»[23].

Diese anschauliche Psychologie stützt sich teils auf die Resultate der modernen Entwicklungslehre, teils auf eine Anzahl eigener Entdeckungen des Begründers derselben über individuelle

22 Johann Friedrich Herbarth, 1776-1841.

23 Carl Huter: Menschenkenntnis durch Körper-, Lebens-, Seelen- und Gesichtsausdruckskunde auf neuen wissenschaftlichen Grundlagen, 1904-1906, Neuauflage 1992, Carl-Huter-Verlag Zürich.

Lebenskraft und ihren Einfluss auf die Formgestaltung aller höheren Lebewesen, insbesondere der Gehirn-, Kopf- und Gesichtsbildung.

Die monistische Weltanschauung, die leider noch im rohesten Materialismus steckt, leugnet bekanntlich das Seelische als primäre Energie. Nach ihr soll alles Geistige mit mechanischen und chemischen Vorgängen identisch sein. Derselbe Monismus lehrt aber zugleich die Entwicklung der Lebewesen aus niederen zu höheren und schöneren Formen, und zwar seelisch und körperlich. Dass aus mechanischen und chemischen Vorgängen nie der Begriff, geschweige denn die Tatsache gefunden werden kann, der in den zwei Worten ‹aufsteigende Entwicklung› ausgedrückt ist und der gerade von den Begründern der Entwicklungslehre so beharrlich und ausführlich nachgewiesen wurde, sollte doch den materialistischen Anhängern der Entwicklungslehre nun bald zum Bewusstsein kommen.

Es liegt daher ein arger Widerspruch in dem Monismus Haeckel'scher Richtung, über welchen uns Carl Huter hinweghilft, denn letzterer lehrt: ‹Wer Anhänger der Entwicklungslehre ist, kann nicht Materialist sein, denn die Entwicklung schließt das Ideale in sich, indem sie das Emporringen einer Kraft, und zwar der Lebenskraft, vom Niederen zum Höheren und endlich zum Höchsten beweist.› Das aber ist naturalistischer Idealismus. Es ist die neue Richtung, die Carl Huter als Anhänger der Entwicklungslehre vertritt. Freilich lehrt er außer der Entwicklungs- auch eine natürliche Schöpfungslehre. Carl Huter hat durch seine Entdeckung des Empfindungsvermögens der Materie und der daraus hervorgehenden Lebensenergie, die er, wo sie in konzentrierter Form auftritt, Helioda nennt, die Schöpferkraft, die hinter aller Entwicklung des Lebens, des Geistes, der Formen und der Physiognomie steht, nachgewiesen. Er hat damit die dritte große Weltenergie entdeckt und darauf stützt sich seine ganze neue Weltschöpfungs- und Schöpfungs-Entwicklungslehre, seine Psychophysiognomik und naturwissenschaftliche Psychologie.

Die Entstehung des Lebens, der Nervenkraft des Empfindens, der Gehirnorgane und des menschlichen Geisteslebens ist in Abbildung 22 veranschaulicht.

In dieser ist die negative Lebenskraft als Mittelpunkt des Lebens dargestellt. Huter nennt die rein empfindende Kraft des Lebens NEGATIVE HELIODA. Da jede stark empfindende Lebenszentrale auf äußere Reize reagiert, so wird nach seinen Forschungen jeder tief empfundene Lebenseindruck auf dem Weg der empfindenden Strahlung nach außen hin zum Lebensausdruck gebracht. Diese Lebens- oder HELIODAstrahlen sind nach ihm das formbildende Element, die Kraft der Entfaltung und Entwicklung der Lebewesen.

Huter lehrt: Es gibt eine Schöpfung, und es gibt außer dieser auch eine Entwicklung. Durch die Schöpfung gibt die Schöpferkraft dem Geschöpf alles für seine spätere geistige und körperliche Entfaltung als Grundanlage in konzentrierter Form mit. Der eigentliche Schöpfer ist die konzentrierte Empfindungsenergie, die sich in der lebenden Zelle in dem anatomischen Gebilde des Zentrosom sammelt. In der Zeugungskraft liegt als verborgenes, geistiges Triebelement auch das reine, religiöse Gefühl, über sich hinaus etwas Höheres zu schaffen.

Dieser Forscher führt alles Entfalten der Dinge auf die Zeugung, die nach ihm Schöpfung ist, zurück und alles Entwickeln, das aus dem Niederen zum Höheren aufsteigt, ist nicht allein, wie Lamarck es lehrt, auf den Kampf um Dasein, oder wie Darwin lehrt, auf die Zuchtwahl zurückzuführen, sondern auf den Trieb der Erhaltung und Vervollkommnung.

Dieser Trieb entwickelt höchste Liebe, Begeisterung, Fantasie, Vorstellung, kurz Idealismus oder Vergöttlichung der Natur und des Lebens.

Diese dritte und höchste Triebkraft aller Entwicklung, die er nachgewiesen hat, ist nach ihm nicht nur im Menschen, sondern auch in Tieren, Pflanzen und in allen Dingen anzutreffen, die sich in aufsteigender Entwicklung befinden. Ein Stillstand der Entwicklung der Art tritt erst da ein, wo der Glaube an ein höheres Lebensideal aufgehört hat, wo die Individuen einer Art glauben, das Lebensideal erreicht zu haben, wie beispielsweise bei den Bienen und Käfern. Es wird nur noch auf die Erhaltung der Art hingearbeitet. Wenn aber in diesem Fall diese Kraft einmal erlahmt, dann beginnt die Degeneration und schließlich das Aussterben der Art. Alle Arten, welche sich noch höher entwickeln, tragen starke Liebe, hohe, verborgene Begeisterung für etwas Höheres und Idealeres, als sie selbst

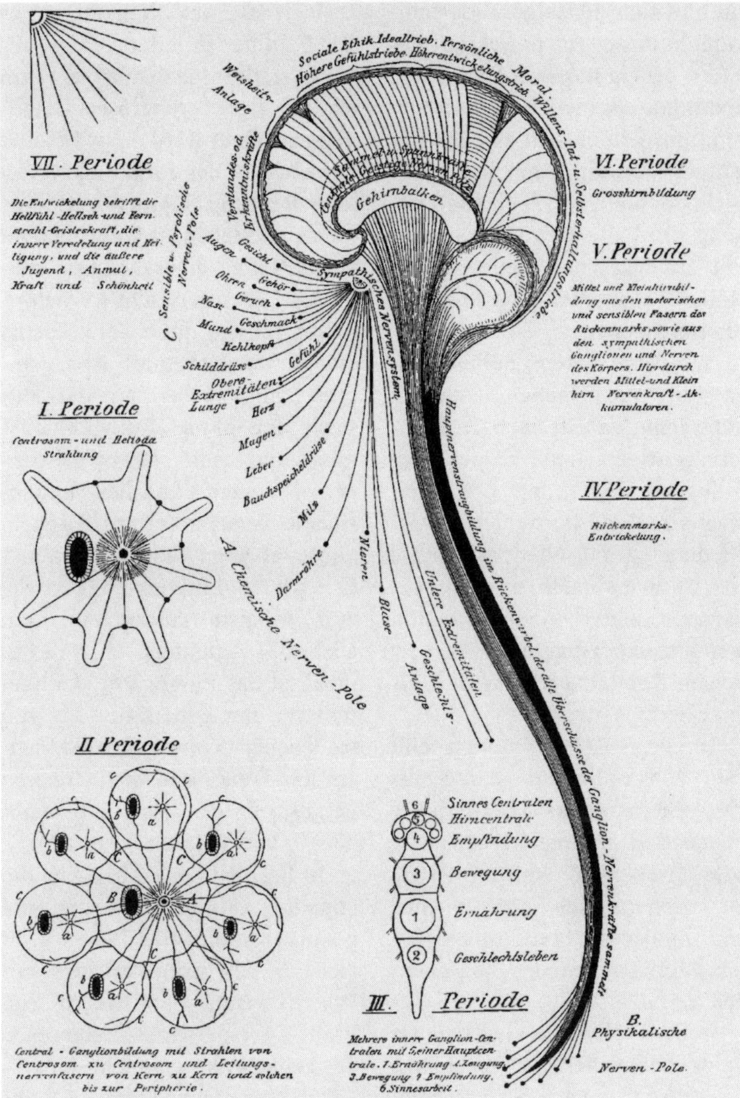

22 Die Entstehung des Lebens, der Nervenkraft, des Empfindens, der Gehirnorgane und des menschlichen Geisteslebens.

sind, in sich; jedes gesunde Individuum dieser Art projektiert das zuerst geistig aus sich heraus und überträgt es seinem geliebten Wesen, mit dem es sich zwecks Begattung vereinigen möchte.

In der heiligen Liebe und Zeugung wird die Grundanlage zur Entwicklung vom Niederen zum Höheren dem erzeugten Lebewesen mitgegeben.

Wo diese höhere, heilige Liebe bei einer Neubelebungszeugung fehlt, da tritt nach Carl Huter geistiger und körperlicher Stillstand, Vererbung des Gleichen von den Eltern oder gar der Niedergang auf. Niedergang gibt sich da zu erkennen, wo den Zeugungsprodukten, den Kindern, weniger an geistigem und körperlichem Kapital vererbt wurde, als die Eltern besitzen.

In solchen Generationen fehlt dann gewöhnlich das starke religiöse Element, das schöpferische Fantasie-, Religions-, Kunst- und edle Triebleben. An ihrer Stelle machen sich Pessimismus und Zynismus breit, die sicheren Merkzeichen des beginnenden Verfalls.

Lebensvollwesen sind stets religiös, lebensliebend, lebenslustig, lebensverstehend und -bejahend veranlagt.

In jeder Persönlichkeit, in jeder Familie, in jedem Volk sollte ein starker Idealismus in Form starker, freier, religiöser Betätigung gepflegt werden, es braucht das nicht in der Erhaltung veralteter Religionsdogmen und -formen zu bestehen, es kann auch im Neugestalten eines höheren religiösen Lebens erreicht werden.

Ich musste diese vom Thema etwas abweichende Auseinandersetzung machen, um Carl Huters Schöpfungs-Entwicklungslehre und seine daraus gewonnenen neuen ethischen Lebensideale verständlich zu machen. Diese letzteren hängen mit seiner Schöpfungs-Entwicklungslehre aufs innigste zusammen. Sein Liebes-, Zeugungs- und Eheideal ist das monogame, kallisophische, das geheiligte, das von natürlicher Sympathie und dauernder Treue aus dem Inneren heraus getragen wird und unabhängig von äußeren Formen ist.

In Fig. VII der Abb. 22 ist die negative, empfindende und die positive, strahlende Lebenskraft Helioda als primäres geistiges Prinzip veranschaulicht, in Fig. I ist ein einzelliges Lebewesen zur Darstellung gebracht, in welchem vom Beobachter aus links der Zellkern, rechts das Zentrosom als die Empfindungs- und Lebensstrahlzentrale ist.

In Fig. II ist ein mehrzelliges Lebewesen dargestellt, das eine Hauptlebenszentrale in der Mitte zeigt, von welcher alle Nebenzellen von der Lebensstrahlkraft lebenskräftig unterhalten und genährt werden.

Mit Fig. III ist ein in mehrere Organe gegliedertes mehrzelliges Lebewesen dargestellt, das in jedem Organ eine Zentrale hat, oben im Kopf aber das bewusste Lebenszentralorgan, das Gehirn. Unten, wo das Schwanzende beginnt, ist das unbewusste Lebenszentralorgan, das Geschlechts- und Zeugungsorgan aus sich heraus entwickelt. Im einzelligen Lebewesen sind das Gehirn, als bewusstes, und das Geschlechtsorgan, als unbewusstes geistiges Element, noch in einer Zentrale, dem Zentralganglion vereinigt, in höher organisierten Lebewesen sind beide geistigen Richtungen differenziert und polar getrennt organisiert.

Huter hat ferner die Wechselwirkung von Gehirn- und Geschlechtsorganismus nachgewiesen. Nach ihm ist alle Gehirn- und bewusste Geistesenergie aus dem Unbewussten, rein instinktiv Empfindenden, aus dem Geschlechtsleben hervorgegangen.

Nach seinen Forschungen bilden sich bei jedem neu erzeugten Lebewesen stets zuerst die Grundanlagen für die Geschlechtsorgane und dann erst die der Gehirnorgane.

In Fig. IV-VI ist im unteren Teil das Rückenmark zur Darstellung gebracht. Aus den rumpfgegliederten Tieren entwickelten sich die Wirbeltiere mit Rückenwirbeln und Rückenmark. Diese Tiere waren gewöhnlich widerstandsfähiger und erhielten die Rückenkraft, die bei der oft schnellen und anhaltenden Bewegung im Fliehen, im Widerstand und im Kampf das Individuum besser stützten und besonders zu schnellen Bewegungen und Willensausführungen geeigneter machten.

Alle Wirbeltiere sind Tat- und Willenslebewesen. Bei ihnen wurden aber auch das Zentralorgan für die Bewegungen, das Kleinhirn, das im Nacken und im unteren Hinterkopf liegt, sowie das Mittelhirn, das davor liegt, wie Fig. V zeigt, zur größeren Stärke und Kraftentfaltung gebracht.

Durch freiere Bewegung kam die Willens-, Begehrungs- und Zuchtwahl zur besseren Entfaltung, und damit einhergehend wuchs auch die höhere Intelligenz heraus, die im Herauswachsen des kräftigen Großhirns aus Rückenmark, Kleinhirn und Mittelhirn sich gestaltete.

Das Großhirn aber wurde ordnungsmäßig aufgebaut. In den hinteren Organen kamen die Tattriebe, in den oberen die Gemütssinne, im vorderen die Verstandes- und an beiden Seiten die Selbsterhaltungs- und Sammelsinne zur organischen Entfaltung.

So lehrt es Carl Huter, und er lehrt, dass der Nährboden des ganzen Lebens ursprünglich, entwicklungsgeschichtlich gedacht, im Geschlechtlichen wurzelt und sich im sympathischen Nervensystem verlängert hat, dessen Leitungsfäden im Mittel-, Groß- und Kleinhirn, im Gesicht und den Sinnesorganen, insbesondere in der Iris der Augen endigen.

Kopf, Gesicht, Augen, Nase, Mund, Wangen, Lippen, Hände, Füße, Haare und Haut sind die Endorgane der Entwicklung beim Menschen, folglich muss sich auch das geistige Leben und die Eigenart der Individualität charakteristisch erkennbar offenbaren.

Nach seiner neuen Ethik, die er hieraus gewonnen hat, sollen die Liebe und das Geschlechtsleben wieder heilig gestaltet werden, denn aus ihnen fließt alles werdende Leben.

Dieses sind in kurzen Zügen die Grundlagen seiner anschaulichen Psychologie, der Psychophysiognomik.»

V
Das Kindesalter der Menschheit und die Urmenschen

Wenn wir die Entwicklung des Kindes beobachten, so sehen wir, dass das Ruhe- und Ernährungsleben in den ersten Jahren des Lebens im Vordergrund steht; der Rumpfbau erhält Rundung, Fülle und Kraft.

Erst in der zweiten Entwicklungsperiode bildet die Natur die Glieder. Das Kind neigt dann dahin, Rumpf, Glieder und alle Körperteile, auch Gesicht und Kopf, zu begreifen, sich damit an anderen Gegenständen zu reiben, sich also mit allen umgebenden Dingen so gut wie möglich in Berührung zu bringen. Es wird dadurch der Tastsinn und damit das Individualgefühl entwickelt.

In der dritten Periode sucht die Natur speziell die Glieder und die physischen Sinne auszubilden, und in der vierten zeichnen sich sowohl der Knabe als auch das Mädchen dadurch aus, dass sie die Glieder und Sinne gut gebrauchen, um die eigene Persönlichkeit zur Geltung zu bringen, schließlich auch, um sich zu verteidigen und sich selber die Mittel zum Leben zu beschaffen. In dieser Zeit ist je-

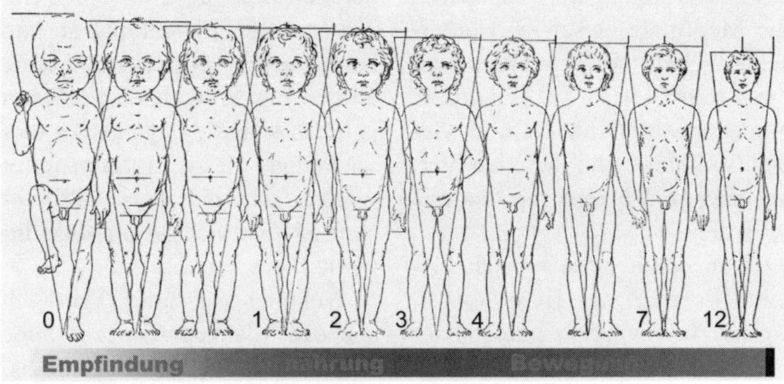

23 Im Laufe der Kindheit und der Jugendzeit ist, ganz unabhängig von der späteren individuellen Ausbildung des Naturells, jeweils ein Organsystem durch den Entwicklungsprozess besonders begünstigt. Dieses sich jeweils stark in Entwicklung befindliche Organsystem gibt der Gestalt ein typisches Erscheinungsbild und dem Verhalten ein ebenso phasentypisches Gepräge. Erziehung und gesunde Lebensgestaltung müssen darauf Rücksicht nehmen.

des Kind im normalen Zustand kampf- und bewegungslustig, vorausgesetzt, dass es gesund ist. In der fünften Periode erwacht das Geschlechtsleben.

Es sind fünf durchschnittlich dreijährige Perioden, an welche sich fünf-, sieben- und zehnjährige angliedern. So ähnlich, wie wir nun die Entwicklung unserer heutigen Jugend täglich vor Augen sehen, so hat sich die Menschheit als solche in großen Intervallen geistig und körperlich vervollkommnet.

Wie aber ein Großstadtkind unter veränderten Lebensbedingungen eine typisch andere Art zeigt als das Landkind, so zeigen die verschiedenen Völker, ganz ihren Boden-, Klima- und Lebensbedingungen angepasst, die Merkmale dieser ihrer unterschiedlichen Abhängigkeit von der Natur. Haare, Hautfarbe, Knochenbau, Schädel- und Gesichtsbildung sind bei den verschiedenen Völkern typisch verschieden.

Man nennt diese typisch vererbte Eigenart des einen Volkes, wodurch es sich von einem anderen unterscheidet, Rasse.

Lamarck und Darwin nehmen, wie wir gesehen haben,[24] an, dass die gesamte Menschheit von einer einzigen Urart abstammt. Ob man diese Urart in den frühesten Halbaffen vermutet, wie Klaatsch[25], oder in einem höheren Zwischenglied, das zwischen den heutigen Menschenaffen und den niedrigsten Menschenrassen stand und ausgestorben ist, wie Haeckel annimmt, bleibt sich bei der Deszendenzlehre gleich. Wie ich schon früher erklärte, kann man diese Theorie annehmen, ohne die Möglichkeiten von noch anderen natürlichen Schöpfungs- und Entwicklungsarten zu leugnen. Ich meine, jeder engherzige Standpunkt muss hier möglichst vermieden werden. Man kann z. B. auch verschiedene Arten Halbaffen annehmen, ähnlich wie die verschiedenen Menschenrassen, wer will das bestreiten? Ich nehme daher eine differenzierte zweigartige Entwicklung an und kann nur die einfachste Urzelle als den Urstamm annehmen, denn je höher sich die Organismen entwickelten, desto differenzierter wurden sie, und diese Differenzierung gibt sich schon kund innerhalb einer Art.

Nehmen wir einen Vergleich aus der Pflanzenwelt, z. B. eine Blumenart, die Rose, an, so ist die wilde Rose, aus der die Kulturrosen hervorgegangen sind, schon differenziert. Ein Beispiel aus der Tierwelt, der Hund, zeigt

24 Siehe Seite 18.

hundertfache, typisch verschiedene Formen, die, glaube ich, nicht aus einer einzigen Hundeart zu einer gewissen Zeit hervorgegangen sind, sondern aus differenzierten Urformen.

Dadurch unterscheidet sich diese neue Schöpfungsentwicklungslehre wesentlich von der Darwin'schen, indem sie den Entwicklungsgedanken viel breiter fasst. Darwin geht bis zum Menschenaffen, Klaatsch[25] bis zum Halbaffen, ich gehe bis zur Urzelle als Urstammform zurück.

Wenn wir nun gesehen haben, dass der Mensch sich innerhalb von zehn Mondmonaten aus der Zelle zum Menschen im Mutterleibe entwickelt, warum soll man da nicht annehmen, dass unter ähnlich günstigen Entwicklungsbedingungen sich aus einer Urzelle schnell in wenigen Jahren eine höhere Form von Lebewesen entwickeln konnte, vielleicht auch in noch kürzerer Zeit, falls die Empfindungsenergie des Äthers in Verbindung mit hoch entwickelten Kräften begünstigend mitwirkten? Der Entwicklungsgedanke als solcher wird dabei keineswegs aufgehoben.

Es ist das ein Gedanke, den ich nicht unausgesprochen lassen möchte.

Über den Ursprung des Menschen und der Menschenrassen lassen sich neben und innerhalb der natürlichen Entwicklungslehre, wenn man meine Ätherlehre kennt, ganz andere Möglichkeiten und Theorien aufstellen, als es bisher geschehen ist.

In einem Punkt, glaube ich, wird aber die Logik schon bald die Anhänger der verschiedensten Richtungen vereinigen, nämlich in dem, dass niemand, dass kein Volk, keine Rasse der Rasse wegen verantwortlich gemacht werden kann. Folglich muss es als ein Frevel betrachtet werden, wenn ein Mensch oder eine Menschenrasse einen anderen Menschen von einer anderen Rasse wegen seiner Rasse verfolgt, bekämpft oder gar zu vernichten strebt. Das ist barbarisch gehandelt. Das wildeste Tier hat nicht gegen seinesgleichen solche Gesinnungen, abgesehen von einigen gereizten, kranken oder wahnsinnigen Exemplaren.

25 Hermann Klaatsch, Anatom und Evolutionsforscher, 1863-1916.

26 In der gegenwärtigen Zeit können wir darunter etwa den Kampf der westlichen Staaten gegen den islamistischen und sonstigen Terrorismus verstehen, oder auch den Kampf, den Israel mit dem Hinweis auf das Recht der Selbsterhaltung gegen (palästinensische) Terroristen führt.

Wohl hat der höher stehende Mensch das Recht und die Pflicht, sich gegen den niedriger stehenden zu behaupten.[26 (s. S. 61)]

Der Selbsterhaltungskampf ist Pflichtkampf. Das ist aber etwas völlig Verschiedenes von den unmenschlichen Trieben des Rassenhasses und des Rassenvernichtungsfanatismus.[27]

Der Mensch wird nach meiner Lehre aus der Rassenstaatsidee wie auch aus der Rassenreligion herauswachsen und zur Weltreligion übergehen, ohne dabei seine Rassenpflicht preiszugeben.

Die Erhaltung der Rasse und ihre Vervollkommnung schließt solche Weltreligion in sich. Denn alles, was die Natur hervorbrachte, sollen wir verstehen und würdigen und bis zu einem gewissen Grade sympathisch erfassen lernen. In diesem Punkt sind die humanen idealen Lehren eines Jesus und vieler seiner Vorgänger ein bleibendes sittliches Menschheitswerk.

Es liegt nahe, dass aus Primatoiden der frühesten Tertiärzeit sich mindestens drei Hauptzweige, nämlich das vierfüßige Säugetier, der vierhändige Affe und die Art Mensch als Zweihänder und Zweifüßer, entwickelt haben. Man betrachte die Abb. 19, den fossilen Halbaffenschädel aus der Miozänzeit, Fig. 1, man wird unwillkürlich an den Kopf eines hochentwickelten klugen Hundes erinnert. In 2 ist der berühmte Neandertalerschädel dargestellt. Im Neandertal zwischen Düsseldorf und Elberfeld wurde im Jahre 1856 dieser Schädel nebst einigen Skelettresten bei Ausgrabungen zufällig gefunden. In derselben Schicht fand man auch zwei Steinbeile, weshalb man angenommen hat, dass dieser Mensch in der jüngern Steinzeit (Quartärzeit) gelebt hat. Auffallend sind bei diesem Schädel das lange, kräftige und breite Hinterhaupt, was auf ein sehr großes Kleinhirn schließen lässt, und ferner die ganz außergewöhnlich niedrige Stirn. Es ist fast gar keine Stirn, sondern nur ein Stirnansatz (Vorsprung) über den Augenhöhlen. Das lässt darauf schließen, dass bei diesen Urmenschen die physischen Sinnesorgane, die Lebenskraft und die Kampf- und Bewegungsorgane außerordentlich gut entwickelt waren. Hingegen waren Mitgefühl, Religiosität, Denkkraft und Ehrgefühl sehr schwach und nur spurenhaft vorhanden. Ähnlich wie bei ei-

27 Carl Huter schreibt hier von einem ‹Rassenvernichtungsfanatismus›, den es offenbar 1910 schon gegeben hat und den er strikte ablehnt. Er bezeichnet den Rassenhass und den Rassenvernichtungsfanatismus als unmenschlich.

nem fünf- bis sechsjährigen Kind in unserer heutigen Zeit, bei dem der Lebens- und Bewegungstrieb sowie die Sinnestätigkeit im Vordergrund stehen, aber mit dem Vorsprung, dass der übrige Gehirnbau weit günstiger in der Anlage auftritt, war es bei jenen Urmenschen. Jener Steinzeitmensch war ein Natur- und Erdenkind im wahrsten Sinne des Wortes. In Fig. 3 ist das mutmaßliche Gesicht des Neandertalers dargestellt.[28]

Ich glaube aber, dass die Nase kräftiger, flacher, höckeriger war, das Kinn mehr hervortrat und der Unterkiefer erheblich stärker war.

Als alle Welt erfreut war, einen guten Urmenschenschädel gefunden zu haben, war es Virchow, der einige Wermutstropfen in diesen Jubel mischte, denn nach seiner Ansicht soll dieser Urmensch gar nicht der sein, den man so lange gesucht hat, sondern dessen niedriger Schädel soll auf Gicht zurückzuführen sein. In der Tat kann die Gicht eine Veränderung und Verkümmerung der Knochensubstanz herbeiführen, aber an eine solche Verflachung der Schädeldecke ist kaum zu glauben. Denn die Gicht ruft niemals eine derartige Schädel- und Gehirnschrumpfung hervor, eher stirbt ein Mensch, als dass eine solche Umbildung des Schädels erfolgt. Mir gilt daher der Neandertalschädel als ein hochwertvolles Dokument der Entwicklungslehre.

In Fig. 4 ist ein kurzköpfiger Schädel aus dem Skiototale im Staate Ohio (Nordamerika) dargestellt. Dieser Schädel stammt unmöglich aus der Urmenschenzeit, denn diese volle Gestalt nach Höhe und Umfang lässt auf ein geistig ziemlich fortgeschrittenes Individuum schließen.

In Fig. 5 haben wir es mit einem Germanenschädel zu tun. Interessant hierbei sind der lange Gesichtsschnitt, das starke Gebiss, das spitze Kinn und der energische Nasenwurzelvorsprung. Der ganze Schädel deutet auf außerordentliche Zähheit, Energie und Bildungsfähigkeit der Rasse, die ihr Ziel auf das Lebenspraktische richtet.

Fig. 6, ein Gorillaschädel, zeigt eine unschöne, höckerige Stirn, einen völlig tierischen Unterkiefer, dennoch auf mehr Verstand deutend als der Halbaffenschädel.

In Fig. 7 ist ein Urmenschenschädel wiedergegeben, welcher aus den Dolmen von Mureaux ausgegraben wurde. Hier ist das Kinn schon fein entwickelt, die

28 Nach H. Schaafhausen: Der Neanderthaler

Stirn zeigt in der oberen Region Neigung für Weisheit und Mitgefühl, der Gesichts- und Zahnschnitt edles Gefühl für Schönheit und Ebenmaß, der untere Hinterkopf sehr viel Liebe und Treue für die Angehörigen. Ich lese aus diesem Schädel den Uradelsmenschen heraus. Es war gewiss ein Priester oder König, ein Weiser und Morallehrer, eine ritterliche Erscheinung an Körper und Geist aus der mittleren Steinzeit, ein Prophet und Weiser, der aus einer anderen Welt kam und ein neues Evangelium verkündete, das Evangelium von dem wunderbaren Bau der Natur, worin sich Schönheit, Ordnung, Gesetzmäßigkeit spiegelt, denen die Menschen nachstreben müssen. Viel Sonniges, Lichtes zeigt diese Schädelform, unter der einst ein edler Geist fühlte und dachte. Wie weit waren diese vier Menschen voneinander verschieden!

Schon an diesen wenigen dargestellten Schädeln kann man die Zugehörigkeit zu verschiedenen Rassen herauslesen.

Der Neandertalerschädel deutet darauf hin, dass dieser Mensch in einem sumpfigen feuchtkalten Klima gelebt hat, wo die Lebensmittel spärlich der Natur abgerungen werden mussten.

Der Kurzschädel, der in Ohio gefunden worden ist, lässt auf eine glücklichere Lebenshaltung schließen, denn sonst hätte sich das Gehirn nicht so voll entwickeln können. Dieser Mensch lebte in einer Gegend, wo Getreide, Gemüse, Obst und Fleisch und Milch in Fülle da waren.

Der Urgermane lebte in mäßigeren warmen, mehr sumpfig feuchten und frischkalten Zonen in nicht zu reichen und nicht zu armen Nahrungsverhältnissen, gerade so, dass er alle seine Kraft gebrauchen und in steter Anspannung Tag für Tag tätig sein musste, um das Leben zu erhalten.

Erst der Dolmenschädel verkündet uns eine sonnige, schöne, paradiesisch reine Natur, eine Welt, wo sich eine solche Menschenrasse entwickeln konnte.

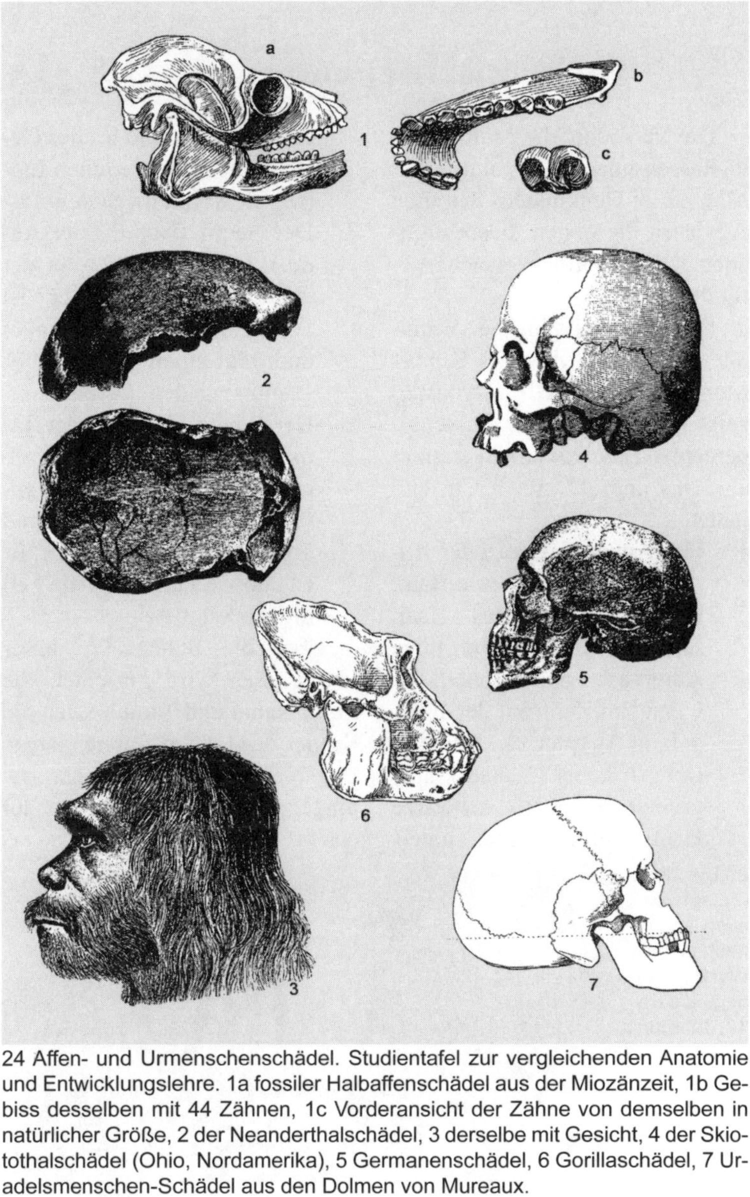

24 Affen- und Urmenschenschädel. Studientafel zur vergleichenden Anatomie und Entwicklungslehre. 1a fossiler Halbaffenschädel aus der Miozänzeit, 1b Gebiss desselben mit 44 Zähnen, 1c Vorderansicht der Zähne von demselben in natürlicher Größe, 2 der Neanderthalschädel, 3 derselbe mit Gesicht, 4 der Skiotothalschädel (Ohio, Nordamerika), 5 Germanenschädel, 6 Gorillaschädel, 7 Uradelsmenschen-Schädel aus den Dolmen von Mureaux.

VI
Die Menschenrassen

Die Versuche, die Menschheit in Rassen einzuteilen, sind uralt. Man hat in Denkmälern der alten Ägyptern die ersten diesbezüglichen Klassifikationsversuche gefunden.

Eine hieroglyphische Wandmalerei aus der Zeit des Königs Meneptah I. (XXIII. Dynastie) zeigt eine vierteilige Rassentypenlehre. Das Dokument stammt also aus dem 17. Jh. v. Ch. und lautet:

1. Der Ägypter (Ludi oder Rudi), der sich durch rote Haut, langes, geflochtenes Haar, schlanke Gestalt und feine Adlernase auszeichnet. Er wohnt im Zentrum der Erde, d. h. in Ägypten.
2. Der Afrikaner (Naham), ausgezeichnet durch schwarze Haut, wolliges Haar, untersetzte Gestalt und breites Gesicht mit aufgeworfenen Lippen. Er wohnt im Süden.
3. Der Semit (Namu oder Aamu), leicht kenntlich an der gekrümmten Nase; er ist von gelber Hautfarbe, mager und trägt einen Spitzbart. Er stammt aus dem Osten.
4. Der Weiße (Tamuh oder Tamehu), ausgezeichnet durch eine weiße, rosige Haut, gerade Nase, blaue Augen und großen, schlanken Wuchs. Er ist tätowiert und trägt ein Fell um die Schulter.

Über die Schöpfung dieser vier Rassen wird berichtet, die Ludi, Namu und Tamuh seien die Kinder des lichten Sonnengottes. Der Naham oder Afrikaner dahingegen sei eine Ausgeburt der Nacht.

25 Die vier Rassen der alten Ägypter nach einem Wandgemälde aus dem 17. Jahrhundert v. Chr.

Bei Herodot, Aristoteles, Strabo, Plinius und Galen und anderen Schriftstellern der alten Griechen und Römer sind ähnliche Klassifikationen versucht worden, besonders spielen aber bei diesen Schriftstellern mehr die Temperamentscharakterisierungen eine Rolle.

Carl von Linné (1707-1778), der Vater der Naturgeschichte, fasst nun vier Menschenrassen mit der uralten griechisch-chaldäischen Temperamentslehre in folgender geistreichen Art zusammen:

1. Der Amerikaner. Rötlich, cholerisch, grad aufgerichtet. Er hat schwarze, dicke Haare und weite Nasenlöcher. Sein Gesicht ist voller Sommersprossen. Er ist hartnäckig, zufrieden und freiheitsliebend, wird durch Gewohnheiten gelenkt und bemalt sich mit dadalischen Linien. (Hiermit ist der Indianer gemeint.)
2. Der Europäer. Weiß, sanguinisch und fleischig. Er hat gelbe Lockenhaare und bläuliche Augen, ist scharfsinnig und erfinderisch, trägt eng anliegende Kleider und wird durch Gesetze gelenkt.
3. Der Asiate. Gelb, melancholisch und zäh. Er hat schwarze Haare und braune Augen, ist geizig, grausam und prachtliebend, trägt weite Kleider und lässt sich von Meinungen bestimmen.
4. Der Afrikaner. Schwarz, phlegmatisch und schlaff. Er hat rabenschwarze, wulstige Haare und eine Haut wie Sammet, ist verschlagen, faul und gleichgültig, salbt sich mit Fett und wird durch Willkür regiert.

Das bedeutendste, heute (1910) noch gültige System der Rasseneinteilung stammt von *Johann Friedrich Blumenbach* (1752-1840), Göttingen, das er in seinem Werk «De generis humani varietate nativa» (Über die natürlichen Unterschiede der Menschheit), 1775, aufgestellt hat.

Blumenbach, dem ein umfangreiches Material von Rassenschädeln zur Verfügung stand, legte seinem System die Schädeltypen zu Grunde und teilt die Menschheit hiernach in fünf Rassen ein. Er sagt:

1. Der Schädel des Mongolen ist viereckig. Nase und Jochbögen sind abgeplattet. Das Kinn ragt etwas hervor.
2. Der Amerikanerschädel zeigt ein stark verbreitertes Gesicht, die Stirn erscheint höher, die Augenhöhlen liegen

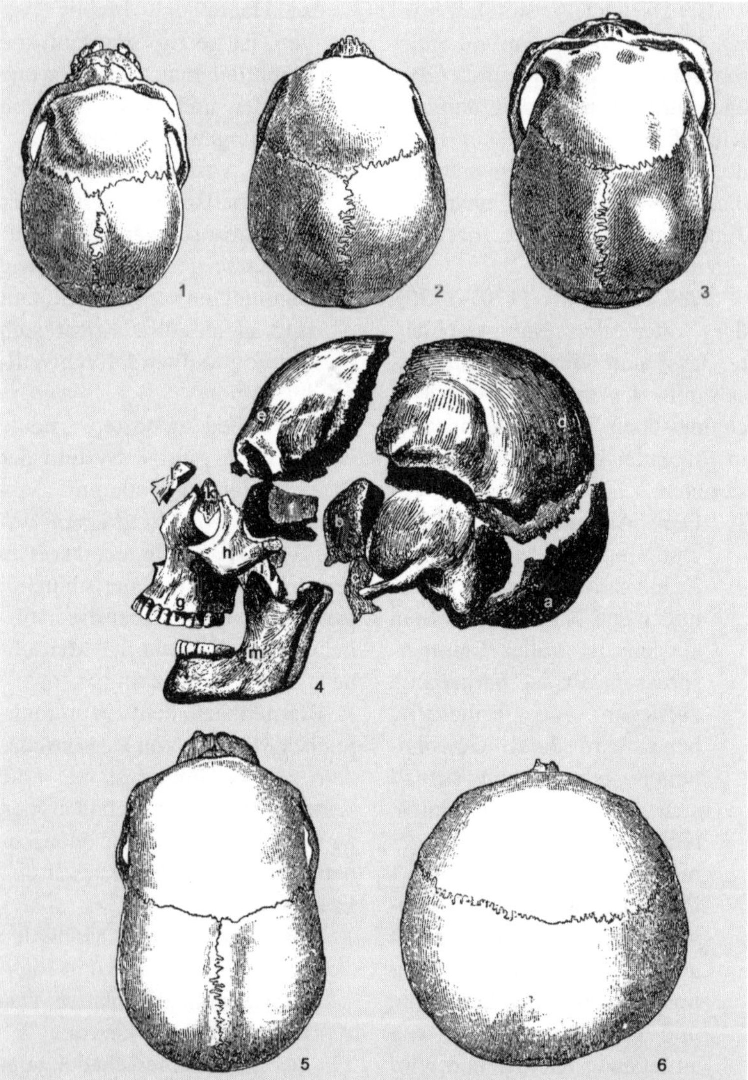

26 Schädel nach Blumenbach, Hartmann und Huxley. 1 Afrikaner, 2 Europäer, 3 Kalmüke (nach Blumenbach). 4 Gesprengter Kopf nach Hartmann: a Hinterhauptbein, b Keilbein, c Schläfenbein, d Scheitelbein, e Stirnbein, f Siebbein, g Oberkieferbein, h Jochbein, i Gaumenbein, k Tränenbein, l Nasenbein, m Unterkiefer. 5 Langschädel und 6 Kurzschädel (nach Huxley).

tief. Das Kinn ist breit und stark.

3. Der Schädel des Kaukasiers ist harmonisch gerundet, die Stirn tritt mäßig hervor, die Zähne stehen senkrecht aufeinander. Nach Blumenbach ist der Kaukasier der Normaltypus.
4. Beim Malaien ist der Schädel im Längendurchmesser etwas verkürzt. Die Scheitelbeine ragen seitlich hervor, Nase und Jochbeine sind abgeplattet. Der Oberkiefer steht vor.
5. Beim Äthiopierschädel fällt die Länge auf. Der Schädel erscheint seitlich zusammengedrückt. Die Knochen sind besonders kompakt und schwer. Die Jochbeine treten stark nach vorn. Das Kinn ist groß und stark.

Auf Abb. 27 sind fünf Köpfe dieser von Blumenbach aufgestellten Menschenrassen wiedergegeben.

Außer den Schädelmerkmalen gibt dieser Forscher noch zahlreiche andere charakteristische Rassenzeichen, besonders auch in Bezug auf die Hautfarbe an.

Bei den Mongolen beschreibt er eine fahlgelbe Hautfarbe, geschlitzte Augen und spärlich straffes, schwarzes Haar; beim Amerikaner kupferrotfarbige Haut und schwarzes straffes Haar. Den Kaukasier bezeichnet er mit weißer Hautfarbe, roten Wangen und bräunlichem Haar, dessen Gesichtszüge ebenmäßig symmetrisch schön sind. Die Hautfarbe der Malaien ist kastanienbraun, das Haar schwarz, lockig und dicht. Die Nase breit, voll, die Spitze dicker, der Mund groß. Der Äthiopier ist von schwärzlicher Hautfarbe. Sein Haar ist schwarz und kraus, die Stirn uneben bucklig; die Augen stehen hervor. Die Nase erscheint plump und mit den vorstehenden Kiefern verschmolzen. Die Oberzähne stehen etwas hervor; die Lippen sind wulstig, die Unterschenkel einwärts gebogen.

Blumenbach sagt zu seiner Rassenlehre Folgendes:

«So groß der Wechsel in der Form des Schädels bei verschiedenen Individuen eines Volkes ist, so kann man doch in der Regel bei jedem Volk einige Eigentümlichkeiten am Schädel erkennen. Wenn sich auch bei einem andern Volke ähnliche Zeichen wiederfinden, so treten doch vorzugsweise bei einem diese bestimmten Rassenmerkmale charakteristisch auf.»

Was diese Blumenbach'sche Rasseneinteilung auszeichnet, ist

die sachliche Beschreibung, und dass er die Temperamente nicht mit in die Rassen verschmolzen hat. Schließlich ist aber auch diese Einteilung von fünf Menschenrassen nach den fünf Erdteilen eine außerordentlich richtige, die sofort zu dem naheliegenden Schluss führen muss, dass die Rassen mit der Natur ihres Landes auf das innigste verbunden sind und ihre Eigentümlichkeiten in geographischen und klimatischen Ursachen ihren Ursprung haben. Diese Rassenlehre ist als die beliebteste in die Schulbücher aufgenommen worden.

Die neuere Wissenschaft hat jedoch eine noch weit detailliertere Rassenlehre angenommen, auf die ich im weiteren zurückkomme.

Ich möchte hier zunächst nicht unerwähnt lassen, dass *Johannes Leunis* (1802-1873), Professor am katholischen Gymnasium in Hildesheim, gegen Mitte des 19. Jahrhunderts allen erdenklichen Scharfsinn aufgeboten hat, um diese Blumenbach‘sche Rassenlehre zu stürzen, damit die biblisch-mosaische der gläubigen Juden- und Christenheit gerettet werde. Nach der Bibel sollen alle Menschen von Sem, Ham und Japhet abstammen, demnach existieren nur drei Menschenarten (nicht Rassen), die gelben Semiten, die weißen Europäer (Japhetiten) und die schwarzen Hamiten (Afrikaner). Nun weiß aber alle Welt, dass rothäutige Indianer, gelbhäutige Mongolen und braunhäutige Australier zu vielen Millionen existieren.

Leunis sammelte zahlreiche Schädel aus der südlichen Provinz Hannover und erspähte mit Scharfsinn, dass hier und da sich ein Europäerschädel fand, der eine gewisse entfernte Ähnlichkeit mit einem Amerikaner-, Mongolen- oder Afrikanerschädel hatte, und suchte aus solchen Zusammenstellungen und Vergleichen zu beweisen, dass es keine Menschenrassen im Sinne Blumenbachs gebe, denn, so folgerte er, wenn alle Menschen von Adam und Eva abstammen, so sei die ganze Menschheitsfamilie eine Rasse.

Der sonst geniale *Georges Cuvier* (1769-1832) beging einen ähnlichen Fehlschluss, er teilte die Menschen ein in drei Rassen nach den drei Söhnen Noahs, und hervorragende französische Anthropologen wie *Paul Broca* (1824-1880) und *Paul Topinard* (1830-1911) fußten darauf. Es ist diese Annahme zu der damaligen Zeit, als der Vatikan eine solche Macht über das französische Volk

27 Die fünf Menschenrassen nach Blumenbach. 1. Kaukasier (weiße Rasse), Europäer, 2. Mongole (gelbe Rasse), Asiate, 3. Indianer (rote Rasse), Amerikaner, 4. Afrikaner (schwarze Rasse), 5. Malaie (braune Rasse), Australier.

hatte, dass jede abweichende Ansicht von der Bibel diese Gelehrten sofort unpopulär gemacht hätte, begreiflich. Ihre Lehren wären einfach als antikirchlich in allen Schulen und Lehranstalten unterdrückt worden.

Eine Dreiteilung der Menschenrassen nach rein wissenschaftlichen Gesichtspunkten unternahm ich schon vor Jahren (1887), indem ich die Menschheit in drei Hauptrassen einteilte nach ihrer Hautfarbe: Weiß, schwarz und farbig.

Die neueren vier wissenschaftlich anerkannten Klassifikationssysteme über die Menschenrassen sind:

1. Das von *Anders Retzius* (1796-1860) in Stockholm auf kranioskopische Messungen gestützte System. An dieses anlehnend, aber bedeutend erweitert, ist
2. das System des englischen Anatomen *Thomas Huxley* (1825-1895);
3. das der beiden deutschen Forscher *Friedrich Müller* (1863-1930) und *Ernst Haeckel* (1834-1919). Dieses System sucht die Menschheit vornehmlich nach der Haarform und Sprache zu klassifizieren;
4. Das System von *Ludwig Wilser* (1850-1923), das derselbe auf dem Geographenkongress 1899 in Berlin darlegte, ist mit meiner Rasseneinteilung, die ich schon zwölf Jahre früher machte, teilweise übereinstimmend, so dass ich erstaunt war, als ich aus den Blättern von Wilsers Darlegungen erfuhr.

Ich bemerke noch, dass ich im Jahre 1887 in verschiedenen Vorträgen in kleineren Gesellschaften meine Rassenlehre schon zur Sprache gebracht habe.

1. Retzius‘ Rassenlehre nach den Schädeltypen

Retzius nimmt vier Menschenrassen an und lässt sich hierbei außer von der Schädel- auch von der Kieferform leiten. Er teilt die Schädel ein in kurzköpfige (brachycephale) und langköpfige (dolichocephale), die Kiefer in geradkieferige (orthognate) und schiefkieferige (prognate).

Da die Retzius‘sche Rassenlehre durch die Kieferlehre mehr als alle andern Systeme die Gesichtsform mit in Erwägung zieht, so schätze ich sie als außerordentlich wertvoll für die Gesichtsausdruckskunde.

Das von diesem Forscher aufgestellte System stammt aus dem Jahre 1856 und lautet wie folgt:

1. *Orthognate, höher stehende Rassen*

   1.1. Dolichocephale:
   Germanen, Norweger, Normannen in Frankreich und England, Schweden, Dänen, Holländer, Vlamländer, Burgunder, deutsche Franken, Angelsachsen, Goten in Italien und Spanien, Kelten (Schotten, Iren, Engländer, Wallonen und Gallier), Römer und Griechen samt Abkömmlingen, Hindu, Perser, Araber, Juden.

   1.2. Brachycephale:
   Ungarn in Europa (Samojeden, Lappen, Wogulen, Ostjaken, Permier, Wotjaken, Tscheremissen, Mordwinen, Tschuwaschen, Magyaren, Finnen), Türken in Europa, Slaven, (Tschechen, Wenden, Slowaken, Morlaken, Kroaten, Serben, Polen, Russen, Neugriechen), Letten, Albaner, Etrurier, Räthier, Basken.

2. *Prognate, tiefer stehende Rassen*

   2.1. Dolichocephale:
   Alle afrikanischen Stämme, Tungusen, Chinesen, Australier, Eskimo, eine Anzahl amerikanischer Stämme.

   2.2. Brachycephale:
   Ungarn und Türken in Asien, Tscherkessen, Turkmenen, Afghanen, Tataren, Mandschu, Mongolen, Malaien, Polynesier, Papua, eine Anzahl amerikanischer Stämme.

Neben großen Vorzügen, was die Materie anbetrifft, zeigt dieses Retzius'sche System auch große Mängel hinsichtlich der zu oberflächlichen Unterbringung ein und desselben Volkes in zwei verschiedene Rassen, z. B. Ungarn und Türken in Europa zählt er zu den höheren, in Asien wohnhaft, zu den niederen Rassen.

Umfangreiche Messungen deutscher und französischer Forscher ergaben, dass bei verschiedenen Individuen bei derselben Rasse sich verschiedene Zwischenstufen nachweisen ließen. Broca und Welcker stellten daher noch den mittelköpfigen oder mesocephalen Schädeltypus auf.

2. *Das Huxley'sche Rassensystem*

Thomas Huxley stellte im Jahre 1870 unter Beibehaltung der gewonnenen Schädel- und Kiefertypen ein mehr auf die einzelnen Details eingehendes System auf. Auch dieser Forscher unterscheidet vier Rassen:

1. Australoider,
2. negroider,
3. xanthochroischer oder hellweißer und
4. mongoloider Typus.

1. Der australoide Typus zeigt gute Statur, wohlproportionierte Arme, dünne Beine; Hautfarbe braun, Augen braun oder schwarz; Haare lang, tiefschwarz, fein wellig, nie wollig; Schädel dolichocephal, von hinten gesehen fünfeckig; Lippen dick, Kinnbacken stark, Nase breit, aber nicht flach. Die Zähne sind groß und stehen schief aufeinander (Prognathie). Der Beckenausgang beim Manne ist eng. Nach Huxley sollen die Hügelstämme im Innern des Dekhan (Hindostan) zu diesen Australoiden in Verwandtschaft stehen. Desgleichen ferner auch die alten Ägypter und ihre Nachkommen (Dunkelweißbrünett).
2. Zu dem negroiden Typus zählt er die Schwarzen des südlichen Afrika. Ihr Körper ist wohlgebaut, die Hautfarbe braun bis schwarz; die Augen braun oder schwarz; das Haar schwarz, kurz, wollig verfilzt. Der Schädel des Schwarzen ist lang (dolichocephal); von hinten betrachtet ebenfalls fünfeckig, doch weniger scharf. Die Zähne stehen schief aufeinander. Die Lippen sind stark wulstig aufgeworfen, die Nase ist breit und flach. Der Buschmann und der Hottentotte sind eine Unterart dieses Typus. Eine Abart sind die Negritos. Huxley zählt hierzu die Philippiner, Malakkas, Neukaledonier, Tasmanier und die Bewohner der Fidschi-Inseln.
3. Zum xanthochroischen Typus zählen die Bewohner Zentraleuropas, die wohlproportionierten, blonden und weißhaarigen Menschen, sie sind meist von großer Körpergestalt. Ihre Haut nennt er farblos durchscheinend (weiß), die Augen blau oder grau. Das Haar ist vom lichten Strohgelb bis rot oder braun. Der Schädel zeigt alle Formen, also die ganze Stufenleiter von den kurzköpfigsten zu den mittelköpfigen bis zu den langköpfigsten Formen. Die Grenze dieser Rasse ist nordwestlich Island, südwestlich die Ka-

narischen Inseln; die südöstliche Grenze geht durch Hindustan, die nordöstliche bis zum Jenissei. In Afrika verläuft die Grenze nördlich der Sahara, in Asien durch Syrien und Nordarabien. Im Osten und Norden kommen Kreuzungen mit dem mongolischen Typus vor, im Süden und Westen mit dem melanochroischen (Hindu und Ägypter).

4. Der mongoloide Typus. Dieser ist auf dem Erdball am weitesten verbreitet; er soll sich westlich von Lappland bis Siam abgrenzen, auch zählt Huxley die Malaien und einen Teil der Philippiner dazu. Ihre Körpergestalt ist gedrungen gebaut, Hautfarbe gelbbraun. Das Haar ist schlicht, lang und tiefschwarz. Die Augen sind schwarz. Der Schädel ist kurz (brachycephal), die Augenlidspalte ist schief. Die Chinesen und Japaner sind die Hauptvölkerschaften dieses Typus. Die Eskimos und Grönländer zählt er zu Mischvölkern dieser mongolischen mit der australischen Rasse, nur soll der Schädel bei Japanern und Chinesen häufig auch lang sein (dolichocephal).

Merkwürdigerweise zählt Huxley die Völker Amerikas, die Indianer, mit zu diesem mongoloiden Typus. Ich kann dieser Ansicht nicht zustimmen. Dahingegen ist es richtig, dass bei den Dajaken (Borneo), Batta (Sumatra), Alfuren (Celebes), Mikronesiern (Karolinier, Palau-Insulaner, Marianer) sowie Polynesiern Anklänge resp. Mischungen von der mongolischen und australischen Rasse vorhanden sind. Als melanochroischen Typus bezeichnet Huxley eine Mischung der braunen Australoiden mit der weißen xanthochroischen Ethnie, und er meint, dass dieser Typus oft in einiger Vermischung mit den angrenzenden Ethnien vorkomme. Er bezeichnet als solche Mischvölker die Irländer, Bretonen, Spanier, Süditaliener, Armenier, Araber, Griechen und Brahmanen.

3. Das Rassensystem Müller-Haeckel

Die beiden Forscher Friedrich Müller und Ernst Haeckel (1834-1919) fassen nun nicht den Knochenbau und die Schädelform, sondern Haar und Sprache bei ihrer Rasseneinteilung ins Auge.

Müller behauptet in seiner «Ethnologie», dass Haarbildung und Sprache sich viel konstanter vererben als die Schädelform.

Interessant ist, dass es gleich Bedeutung hat, wenn ein paar Männer mit wissenschaftlichem Namen am Haar etwas gefunden haben; wenn hingegen ein echtes Naturkind wie der *Schäfer Ast* am Haar etwas feststellt und es Leute gibt, die es glauben, weil sie sich von der Wahrheit seiner Erkenntnis überzeugten, redet man ungerecht abfällig darüber, gerade so als ob ein Schäfer nicht ebenso gute, mitunter noch bessere Augen zur Naturbeobachtung haben könnte, als mancher bebrillte Bücherwurm. *Raffael* gab bekanntlich auch den Charakter im Haar wieder. Ich meine, Wahrheit ist Wahrheit, ob sie von einem Gelehrten, einem Künstler oder einem Schäfer gefunden wird. Das Auffinden irgendeiner Naturwahrheit von einem sonst nicht wissenschaftlich gebildeten Mann ist um so höher zu schätzen, als es ihm als Verdienst angerechnet werden muss, während es bei Wissenschaftlern in den Pflichtenkreis fällt.

Da nun alle drei die Wahrheit fanden, dass die Haarform im Zusammenhang mit dem Lebenscharakter steht, so muss in dieser Rasseneinteilung nach dem Haar viel Naturwahrheit stecken.

Müller lehnt sich an die Forschung von St. Hilaires und de Vincents, welche die Menschen in zwei große Gruppen teilten, in die Wollhaarigen (Ulotriches) und in die Schlichthaarigen (Lissotriches). Die Wollhaarigen sind die tiefer stehenden Rassen mit langen Köpfen und schiefen Zähnen. Die Schlichthaarigen sind die höher stehenden Rassen, mit meist kurzem Schädel und geraden Zähnen. Unter wollig versteht Müller nicht allein von Natur gekräuseltes Haar, sondern er beschreibt das einzelne Haar dahin, dass es bandartig abgeplattet ist und folglich der Querdurchschnitt länglich erscheint. Das schlichte Haar hingegen hat er als zylindrisch und im Querdurchschnitt als kreisrund erkannt.

Diese beiden Hauptgruppen zerfallen wieder je in zwei Abteilungen. Bei den wollhaarigen Rassen kann das Haar entweder in einzelnen Büscheln oder gleichmäßig vliesartig aus der Kopfhaut hervorwachsen; bei den Schlichthaarigen ist es entweder glatt, straff oder lockig gewellt.

Alle Lockenhaarigen männlichen Geschlechts haben guten, vollen Bartwuchs, hingegen haben Straffhaarige gar keinen oder nur sehr spärlichen Bartwuchs.

Auf Grund dieser vier Haartypenmenschen stellen diese Forscher folgende zwölf Rassen auf:

1. Wollhaarige (Ulotriches)
   a) Büschelhaarige (Lophocomi):
      1. Hottentotten
      2. Papua
   b) Vlieshaarige (Ericomi)
      3. Afrikaner
      4. Kaffern
2. Schlichthaarige (Lissotriches)
   a) Straffhaarige (Euthycomi)
      5. Australier
      6. Hyperboreer oder Arktier
      7. Amerikaner
      8. Malaien
      9. Mongolen
   b) Lockenhaarige (Euplocomi)
      10. Drarida
      11. Nuba
      12. Mittelländer

Diese zwölf nach der Haarform eingeteilten Rassen oder Völkerstämme werden dann nach ihrer Sprache in eine Anzahl Völkerschaften gegliedert, mit Ausnahme der Kaffern und Malaien, welche einen einzigen Volks- und Sprachursprung haben sollen.

Trotz dieser hochschätzenswerten detaillierten Einteilung haben die Anatomen Kölliker und Waldeyer nachzuweisen versucht, dass das Kopfhaar büschelförmig in Gruppen von zwei, drei oder fünf Haaren aus der Kopfhaut hervorwächst und G. Fritsch hat auch bewiesen, dass bei allen Haaren ovale Querschnitte vorkommen. Meiner Ansicht nach besagen diese ‹Gegenbeweise› rein gar nichts, sie sind beachtenswert, aber nicht stichhaltig. Denn im Großen und Ganzen haben diese untergeordneten Ähnlichkeitsmerkmale durchaus nichts mit den typischen Unterschiedsmerkmalen des Müller‘schen Systems zu tun. Das scheint auch Ernst Haeckel anerkannt zu haben, weshalb er sich diesem wissenschaftlich wertvollen System angeschlossen hat.

4. Das Rassensystem von Ludwig Wilser

Das von Ludwig Wilser bekannt gegebene Rassensystem ist teilweise von mir lange vor Wilser aufgestellt worden. Ich unterscheide – seit 1887 – *drei Hauptrassen, die schwarze, die weiße und die farbige.*

Ich will hier Wilsers Ansichten bekannt geben, da sie einige Abweichungen in den Details von meinem System zeigen.

Wilser lehrt folgende Klassifikation:

1. Die niederste Rasse ist der langköpfige schwarze Afrikaner,
2. die höchste der langköpfige weiße Europäer,
3. die mittlere der kurzköpfige gelbe Asiate.

Unter den Afrikanern macht Wilser keine Unterscheidungen.

Die weißen Europäer teilt er in licht- und dunkelhaarige, die gelben Asiaten teilt er nicht weiter in Zwischenstufen ein.

Die lichthaarige, blonde Rasse stellt er als höchste hin.

Ich möchte gleich bemerken, dass dieses letztere sehr an die Eitelkeiten anderer Völker erinnert, z. B. die Juden nennen sich ‹Kinder Gottes›, die Chinesen ‹Kinder des Himmels›, die alten Ägypter bezeichneten sich als ‹Kinder des Sonnengottes Isis›. Es sind solche Ideen in rein wissenschaftlichen Fragen höchst unsachlich. Es gibt Forscher, welche behaupten, die blonde Rasse habe bisher alle ihre höhere Kultur und Bildung von den dunklen Rassen übertragen erhalten.

Ich weiche daher in diesem Punkt ganz erheblich von Wilser ab.

Auch ist es irrig von ihm, dass er die rundköpfigen Menschen gewissermaßen als den Plebs hinstellt, der zwischen die langköpfigen blonden, halbgötterartigen Germanen von außen her dazwischengedrängt sei. Lappen, Finnen, Ungarn sind kurzköpfig und scheinen mongolischen Ursprungs zu sein, die Finnen und Ungarn marschieren aber mit an der Spitze der Kulturvölker. *Ich werde später nachweisen, dass gerade die feinen Rundköpfe die feinsten Menschennaturen sind.* Ferner ist es viel zu oberflächlich, die größte und verbreitetste Rasse, die Mongolen, nicht detaillierter in Unterrassen einzuteilen. Die Indianer, Afrikaner und Aust-

29 Ein namhafter Gelehrter schreibt zu der nicht leichten Aufgabe, die Menschen in Rassen einzuteilen, mit vollem Recht: «So schwer es ist, ... die verschiedenen Typen des Menschengeschlechts ihrer körperlichen Eigenheit nach in irgendein System zu bringen, so leicht ist es, die Menschheit in Völker zu scheiden. Der Laie verwechselt gewöhnlich die Begriffe Rasse und Volk. Man spricht fälschlich vom Schweizer Volk, von französischer Rasse usf.; der schweizerische Staat schließt dabei drei Völker in sich, das Volk der Franzosen setzt sich aus zwei Rassentypen zusammen.» Dieser Forscher fasst den Begriff Rasse als eine Gemeinschaft Gleichgearteter desselben körperlichen Typus auf. Unter Volk versteht er eine Gemeinschaft Gleichgesitteter derselben Sprache. Diese Erklärung ist ziemlich richtig, aber in dem politischen Sprachgebrauch lässt es sich nicht umgehen, vom deutschen, schweizerischen oder französischen Volk zu sprechen.

ralier teile ich in besondere Unterrassen ein.

Man sieht hierbei, dass nur der Anfang der Wilser'schen Rasseneinteilung, der mit der Huter'schen Rassenlehre übereinstimmt, dauernden Wert hat und dass die übrigen Aufstellungen Wilsers vor der strengen Kritik nicht Stand halten.[29]

Ich fasse meine Ansicht über die verschiedenen Rassensysteme dahin kurz zusammen, dass ich das Blumenbach'sche, das Retzius'sche und das Müller-Haeckel'sche System als klar durchdacht, übersichtlich geordnet und wissenschaftlich korrekt begründet erachte, daher zusammenfüge und weiter ausbaue. Das ist die Arbeit, die ich in meiner neuen Rassenlehre vollzogen habe.

Friedrich Müller stellt nach der genealogischen Verwandtschaft der einzelnen Sprachen 18 verschiedene Gruppen auf, die er in folgende Völkerstämme darlegt:

1. die Hottentotten und Buschmänner,
2. die Papua (Neu-Guinea, Philippinen und Sunda-Inseln),
3. die Menschen des mittleren Afrika (Haussa, Kru, Ducka usw.),
4. die Bantu-Völker (Südafrika),
5. die Australier,
6. die Hyperboreer (Eskimos, Kamtschadalen usw.),
7. die Amerikaner (Indianer),
8. die malaio-polynesischen Völker (Malaien und Südseevölker),
9. die uralaltaischen Völker (Finnen, Tataren, Mongolen),
10. die Japaner,
11. die Koreaner,
12. die Tibeter (Chinesen und Hinterindier),
13. die Drawida (Vorderindier),
14. die Nuba-Völker (Nordostafrikaner),
15. die Basken (Spanier),
16. die Kaukasusvölker (Tscherkessen, Georgier usw.),
17. die hamito-semitischen Stämme (Araber, Juden, Ägypter),
18. die indogermanischen Völker.

Diese 18 großen Völkerstämme, nach ihrer Sprache geordnet, teilt Müller dann in eine Anzahl Untervölker ein.

Meiner Ansicht nach ist die Sprache allein nicht hinreichend, eine Rasse zu charakterisieren, da verschiedene Rassen des gleichen Volkes die gleiche Sprache sprechen können. Immerhin hat die Sprache eine gewisse Bedeutung, sie zeigt die Kulturstufe, den Geist, die Sitte und Gewohnheit einer Rasse.

Um dieses näher zu verstehen, mögen einige Beispiele dienen. Das Wort «lügen» kommt z. B. in der niederdeutschen (plattdeutschen) Sprache nicht vor; das ist ein Wahrzeichen dafür, dass zu der Urzeit, als sich diese Sprachform bildete, dieses Volk den Begriff «lügen» nicht kannte. Aufrichtig, wahr, naiv, natürlich gutmütig muss die Rasse gewesen sein, aus welcher sich die plattdeutsche Sprache gebildet hat. Das Wort «Chance» kennt man wiederum in der deutschen Sprache nicht; ein Beweis dafür, dass der Geist des Volkes, der ein solches Wort bildete, elastischer war, als der des deutschen Volkes ist.

Bei der altgriechischen Sprache ist die Schönheit in der Klangform so einzigartig, dass sie auf ein schönheitsliebendes, edles, fantasiereiches Volk schließen lässt.

Das Latein ist unvergleichlich in Kürze, Wohlklang und Präzision. Nur ein großes, praktisches Volk mit scharfem, klarem Denken und schönen Ideen konnte solche Sprache bilden. Es wurzelt, wenn nicht unmittelbar, so doch endlich jede charakteristische Sprachform in typischen anatomischen, körperlichen Ursachen einer Rasse. Den Zusammenhang zwischen körperlicher Rasseneigenheit und Sprache hoffe ich später in einem besonderen Werke zu behandeln.

VII
Die Entwicklung vom Urmenschen zum zivilisierten Menschen und die Zivilisation und Kultur

Wie ist nun die Entwicklung vom Urmenschen zum Kulturmenschen zu denken? Die Wissenschaft unterscheidet Urmenschen, wilde, zivilisierte und Kulturmenschen.

Unter Urmenschen versteht man die ausgestorbenen Zwischenglieder, welche zwischen den höheren Affenarten und dem heutigen wilden Menschen gestanden haben. Es ist der Mensch, welcher anfing, sich aus rohen Steinen Waffen und Werkzeuge zu machen, und sich nicht nur vor dem Untergang gegenüber den Naturgewalten, dem rauhen oder heißen Klima, sondern auch gegenüber den gewaltigen Tierungheuern und den zahlreichen kleinen Feinden des Lebens zu behaupten suchte. Die Not war es einesteils und die Liebe zum Leben andernteils, die den Körper des Urmenschen stark, elastisch, gewandt machten und seinen Geist und sein Nachdenken weckten.

Zu den Urmenschen zählt man die Repräsentanten von Schädeln, die ich zum Teil auf Abb. 24 brachte. Der Neandertaler ist ein echter Urmensch.

Zu den wilden Menschen zählt man die heute lebenden niedrigsten Rassen wie Hottentotten und Buschmänner. Sie leben frei und wild, ohne Staat. Der Klügste und Stärkste herrscht. Sie werden nicht von Moralideen, sondern von Trieben geleitet.

Unter zivilisierten Menschen versteht man solche, welche in geordneter Gemeinschaft miteinander leben, Menschen, die sich gemeinsam an eine gewisse allgemein angenommene Moral-, Religions- und Staatsform halten, die Gesetz und Verwaltung haben und achten. Der zivilisierte Mensch unterscheidet sich vom wilden ganz wesentlich. Die mohammedanischen Völker sind keine wilden, sondern zivilisierte Menschen, aber man kann sie auch noch nicht alle zu den vol-

30 Die Unterscheidung in wilde, ziviliserte und Kulturmenschen ist keine Erfindung von Carl Huter. Diese Einteilung war um 1910 in der anthropologischen Wissenschaft, d. h. in der Medizin, Psychiatrie, Psychologie, Anatomie, Evolutionsbiologie und Ethnologie, Standard.

len Kulturvölkern rechnen, weil ihnen die heutigen Naturwissenschaften, die moderne Technik und das erweiterte Weltbild meist fremd geblieben sind. Sie konnten daher auch nicht die Nutzanwendung daraus ziehen. Trotzdem haben sie ziemlich geordnete Staatsverhältnisse, achtbare Sitten und eine hohe Religion. Die Ethik der gläubigen Islamiten ist oft bewundernswert und vorbildlich. Manche ihrer Stämme in Marokko und Unterägypten, besonders auch die Kurden im südlichen Kaukasus, sind Halbwilde, da sie vielfach ein räuberisches Triebleben zeigen und nicht vollgesittet ihrer Religion nachleben.

Unter Kulturmenschen versteht man die modernen Völker in Europa und Amerika, welchen die heutigen Naturwissenschaften bekannt sind und die alle Nutzanwendung daraus zu ziehen suchen, die Völker, welche geordnete Schul-, Regierungs-, Gerichts-, Verwaltungs-, Polizei-, Post- und Eisenbahnverhältnisse haben, wo jeder vor Raub und Überfall geschützt ist. Es sind Völker, die Kunst und Wissenschaft lieben und pflegen, gute Schulen und höhere Lehranstalten haben und bei denen die persönliche und geistige Freiheit die Herrschaft bekam und auch dauernd respektiert wird. Dass in Europa hiervon Russland am weitesten entfernt ist, weiß jeder. England, Dänemark, Norwegen, Holland, die Schweiz und in jüngster Zeit auch Frankreich sind die am weitesten vorgeschrittenen Kulturstaaten resp. -völker in Europa. Deutschland ist in manchem sogar diesen Staaten voran, es ist das zivilisierteste Volk, ob schon das kultivierteste, will ich nicht entscheiden. Die besten und meisten Kulturmittel hat das deutsche Volk, aber es hat noch lange nicht diesen ganzen Kulturreichtum ins praktische Leben übertragen.

Ein volles Kulturvolk hat ein gleiches, geheimes, volles Wahlrecht für jeden seiner Staatsbürger, wie es z. B. Nordamerika und Norwegen besitzen.

Man kann sagen, die Zivilisation sei bei den Völkern durch die Religionen vollzogen worden. Die Kultur wird durch die Wissenschaft und durch eine freie, humane und gesittete Entwicklung gefördert. Die Kulturvollendung ist die Arbeit, durch welche die heutigen Kulturvölker noch weiter emporwachsen können; sie wird erst da möglich sein, wo Kunst, Wissenschaft, Religion, persönliche Freiheit, persönliches Wahlrecht aller mündigen Männer und Frauen, gute wirtschaftliche Verhältnisse, Volksgesundheit und vor allem das ethische Recht vereint zusammenwirken.

Da nun erst durch diese Lehre und ihre Anhänger diese Faktoren harmonisch verschmolzen werden, ist durch nichts anderes als durch diese Lehren der Psychophysiognomik und Kallisophie die höchste Kulturentwicklung möglich.

Die bisherige Kulturentwicklung teilt man in drei große Zeitperioden ein, die Stein-, die Bronze- und die Eisenzeit.

Der Urmensch hat sich Steinwaffen gemacht und gleiche Werkzeuge, was durch alte Höhlenfunde nachgewiesen ist; daher nennt man diese erste Kulturperiode des Urmenschen die Steinzeit.

Später erst lernte der Mensch aus Erzen die Bronze herstellen und machte sich Waffen und Werkzeuge aus Bronze. Bei den Assyrern und bei den alten Etruskern ist die Bronze zuerst nachgewiesen, wohingegen die alten nordischen Völker und besonders die Germanen sich länger mit Steinwerkzeugen behalfen. Je besser die Waffen und die Verteidigungsfesten eines Volksstammes waren, desto leichter gewannen sie die Herrschaft über andere Rassen und Stämme, die mit ihren Waffen im Rückstand geblieben waren. Die Erzgießkunst war deshalb eine Geheimkunst, die besonders die Fürsten, Häuptlinge, Priester und Könige persönlich ausübten. Diese Sitte hatte sich teilweise noch bis vor 1'000 Jahren erhalten, was die Bischöfe Bernward und Godehard von Hildesheim in ihren heute noch erhaltenen Werken bekunden. Niemand weiß, wie und aus welchem Material der Bischof Bernward seine Domsäule und Domtüren gegoßen hat, und niemand ist imstande diese Bronzearbeit nachzuahmen. Das war zu einer Zeit, als die Bronzegießerkunst noch Geheimkunst war und fast nur von Bischöfen und Fürsten ausgeübt wurde, wenn auch lediglich zu kunstgewerblichen und religiösen Zwecken.

Tausende von Jahren später hat die Eisenwaffenkunst die Bronze verdrängt. Durch das Eisen wurde der Mensch immer mehr der Gebieter der Natur. Mit den überlegenen Eisenwaffen, mit Speeren, Schwertern und besonders mit den Schießwaffen drängte der Mensch die Raubtiere in den Hintergrund, er bekam die Verkehrswege frei.

Dann brach leider eine Zeit an, in der der Mensch diese Waffen besonders gegen seinesgleichen richtete, und obwohl sich die Sitten gemildert haben, stehen wir heute noch in der Blütezeit der in Eisenwaffen starrenden Weltheere.

Zu gleicher Zeit aber brachte uns diese Eisenkultur auch zur Verkehrskultur. Eisenbahn und Dampfschifffahrt verbinden die Völker miteinander, und sie haben die Völker einander auch geistig näher gebracht.

Sicher führt uns diese Eisenzeit einer friedlicheren Entwicklung der Völker entgegen, denn *nach dieser Lehre wird man die Werte nicht nur des einzelnen Menschen immer mehr erkennen und erschließen lernen, sondern auch die Werte ganzer Völker; man wird es klüger und schöner finden, dass sich in Zukunft die Völker nicht mit Raubkriegen überziehen, sondern sich gegenseitig ergänzen, sich wirtschaftlich und kulturell ausgleichen.*

Die Eisenzeit wird durch die Papierzeit abgelöst werden. Es ist die Zeitperiode, welche durch die Buchdruckkunst eingeleitet, heute schon fast zur Herrschaft gekommen ist.

Die Welt- und Kulturgeschichte ist aus dem Geist der Materie, der Natur, des Kosmos sozusagen hervorgedrängt worden. Geschichte in diesem Sinne ist Entwicklung, Zerstörung von Veraltetem und Aufbau von wertvollem Neuem. Große Weltreiche und alte Kulturvölker gingen unter, aber ihr Geist lebt durch Vermischung und Verbindung mit dem Nachfolgenden weiter.

Eine Tatsache darf hier nicht verschwiegen werden, sie ist eine harte Wahrheit: Die Menschen der Eiszeit waren fast alle Barbaren und waren außerdem auch alle meist Fleischesser, nebenher Kannibalen.

Durch die große Kälte verkümmerte alles Pflanzenleben bis auf einige Moose, Halm-, Blattgewächse und viele Holzarten. Nur in wenigen Zonen konnten in besonderen, von Bergen geschützten, von heißen Geisern und Quellen umgebenen Oasen die heutigen mitteleuropäischen Früchte und tropischen Pflanzen vereinzelt gedeihen.

Das ganze Menschengeschlecht war folglich aus Not gezwungen, sich von Fleisch zu ernähren, als ob die Natur absichtlich diese Urmenschen in den Kampf mit den fleischfressenden Raub- und Riesentieren und auch mit den starken Pflanzenfressern geführt hätte; vielleicht geschah dies darum, damit sie ihre Kräfte aufs höchste steigern, härten und entwickeln sollten. Da die zahlreichen Raubtiere in dem sich schnell vermehrenden Menschen eine starke Konkurrenz erblickten in Bezug auf das Wegfangen der Tierarten, die sich durch wohlschmeckendes Fleisch auszeichneten, so stellten sie dem Menschen mit doppeltem Eifer nach, und dieser hat im Kampf ums Dasein seine körperliche Kraft, Gewandtheit und geistige Elastizität erhöht. Der Kampf ums Dasein hatte ihn bald zu solcher Entwicklung geführt, dass er die Herrschaft über die Tiere gewann. Dieser Daseinskampf führte ihn zum Höhlen-, zum Pfahl-, zum Burgbau; er führte ihn zur Erfindung von Steinwaffen, von Aufbewahrungsgefäßen, zur Erfindung des Feuermachens und zum gesellschaftlichen Familienleben. Es führte dieser harte Lebenskampf aber auch zu der Grausamkeit, dass die gefangenen Feinde von dem Sieger gefressen wurden. Der Kannibalismus war die schrecklichste Sitte der Urmenschen. Aber dennoch, trotz allem Kampf, bei aller Grausamkeit, wurde der Mensch von der Natur zu einer großartigen Geschlechtskraftentfaltung ausgebildet, und diese führte ihn zu der Kehrseite alles Harten und Grausamen, zur Liebe und zur Entwicklung der edleren Triebe. Aus den ersten polygamen Ehen und geselligen Schutzverbänden der Urmenschen entwickelten sich alle höheren ethischen Empfindungen und weiteren sittlichen Formen.

VIII
Das Geschlecht

Das weibliche Geschlecht

Auf Abb. 28 und 29 ist das weibliche Geschlecht zur Darstellung gebracht. Der weibliche Körper zeigt weiche Formen, er ist deshalb weniger widerstands- und leistungsfähig in physischen Arbeitsleistungen. Die Frau ist meistens auch in geistiger Hinsicht nicht zu den gleichen Arbeitsleistungen wie der Mann befähigt.[31]

Es ist daher, abgesehen von Ausnahmen, das schwache, als solches auch das negative Geschlecht.

Dafür hat jedoch die Natur die Frau mit einer Anzahl Vorzüge ausgestattet, die sie dem Mann voraus hat und wodurch sie mit dem Mann nicht nur in einen erfolgreichen Konkurrenzkampf treten, sondern ihn sogar noch übertreffen und beherrschen kann, wenn dieser sich nicht bemüht, diese weiblichen Überlegenheiten zu beachten. Die

28 Das weibliche und das männliche Geschlecht.

Macht der Frau liegt in ihrer Ruhe, Anmut, Grazie und Liebestätigkeit.

Die Frau ist in der Kleinarbeit dem Mann ebenso häufig überlegen wie auch in der Geduld und im Ertragen von Leiden. Ihr bestes Arbeitsfeld ist das Haus, die Familie und überall da, wo es heißt, helfend einzugreifen, sei es im beruflichen, im häuslichen oder öffentlichen, wohlfährtigen Leben.

Einmal gesunken, ist sie aber auch schwerer wieder zu heben als der Mann, daher ist für die Frau nichts wichtiger, als sich

31 Carl Huter hat, beispielsweise in «Der Gebildete auf der Höhe» (1903), die Ansicht vertreten, dass die Frau in allen Bereichen der Gesellschaft, in der Bildung, im Beruf, in der Justiz, in kirchlichen und kommunalen Ämtern sowie in der Politik dem Mann gleichgestellt sein und die gleichen Möglichkeiten haben soll. Die Geschlechter unterscheiden sich im Geschlechtssystem und in den Eigenarten und Verhaltensweisen, die von diesem abhängig sind. In diesem Abschnitt geht es um geschlechtstypische Unterschiede und nicht um die individuellen Variationen derselben.

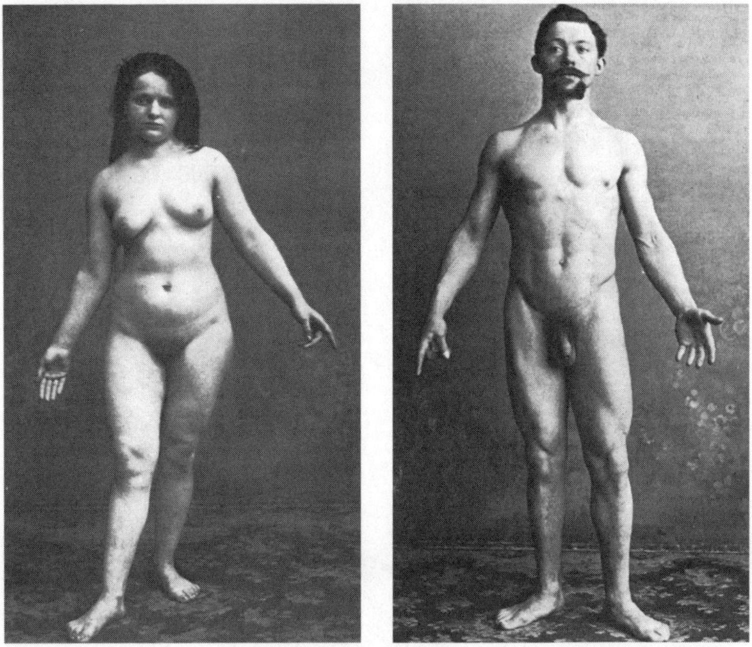

29 Das weibliche und das männliche Geschlecht. Fotografische Darstellung aus dem Carl-Huter-Museum Leipzig (1909-1911).

streng an eine ideale, sittliche und möglichst religiöse Lebensgrundsatzordnung zu halten, verliert sie hierin den Halt, so gehen mit ihr Ehe, Familie und Gesellschaft zu Grunde.

Man vergesse nie die Lehren der Geschichte: An den großen, charaktervollen, idealen Frauennaturen sind die großen Männer und Völker emporgewachsen, an den charakterlosen, lieblosen, sittenlosen zu Grunde gegangen. Die Frau kann liebender, aber auch grausamer sein als der Mann, sie kann anmutiger, aber auch heimtückischer sein als dieser.

Manche Frau ist selbst dem besten Psychologen mitunter noch ein Rätsel geblieben.

Über die ideale, hohe und edle Frauennatur lässt Goethe seinen ‹Faust› mit Sehnsucht erfüllt, den Ausspruch tun:

«Das ewig Weibliche zieht uns hinan».

Dieses ist richtig. Ich habe in meiner neuen Gottheitslehre das

Weibliche wieder zu göttlichen Ehren gebracht.

Die Frau soll Liebe, Glück und Freude spenden, das ist ihr wahrer Lebensberuf. Was das weibliche vor dem männlichen Geschlecht gewöhnlich voraus hat, das ist also das schnellere und tiefere Empfinden.

Das männliche Geschlecht

Das männliche Geschlecht, Abb. 28 und 29, ist das starke, das positive. Es ist der Regel nach stärker in Knochen- und Muskelbau und hat auch eine größere Gehirnenergie.

Der Mann soll daher die physische und geistige Kraft verkörpern. Er ist meistens bestimmter, gerader, entschlossener als die Frau, aber häufig auch ungeduldiger und voreiliger; er ist auch geschlechtlich impulsiver als die Frau. Die Liebe des Mannes vereinigt sich der Regel nach mit dem Geschlechtsleben leidenschaftlicher als die der Frau. Beim Mann gibt es eine sexuelle Lebensfrage, bei der Frau mehr eine Liebeslebensfrage.

Beim Mann sind die Stärke, die Kraft und die Berufstüchtigkeit die konstante Lebensausfüllung, bei der Frau ist es die Zärtlichkeit, die Liebe, Güte, Fürsorge, Familie und Ehe. Lebt der Mann einseitig der Kraft und dem Beruf, so verroht, erkaltet und verknöchert er, lebt die Frau einseitig der Liebe, so verweichlicht, verfeinert und verfällt auch sie.

Im richtigen Verkehr und Zusammenleben von Mann und Frau tritt ein wohltuender Ausgleich und eine beide Teile befruchtende Ergänzung ein.

Die Geschlechter sollen sich daher nicht ignorieren, sie sollen sich aber auch nicht zumuten, über ihre natürlich gesteckten Grenzen hinaus das tun zu wollen, was die Domäne des anderen Geschlechts ist.

Eine glückliche Ehe und Familie ist das schönste Glück des Lebens, dieses richtig zu finden, dazu wollen die wissenschaftliche Psychophysiognomik und ihre neue Ethik ganz besonders beitragen.

IX
Der Impuls

Abb. 30 zeigt das Gesicht eines indifferenten, zurückhaltenden Menschen in der Seitenansicht. Dieser kann wohl Launen und Temperamentsaufwallungen haben, aber er hat kein rechtes planmäßiges, impulsives Vorgehen, er lässt sich daher gewöhnlich von impulsiven Menschen oder vom Massengeist leiten. Er verhält sich meist reserviert, hat er ein breites und starkes Hinterhaupt, so ist er auch eigensinnig, in Indifferenz verharrend.

Abb. 30 zeigt auch das Gesicht eines impulsiven Menschen.

Der impulsive Mensch hat ein ganz anderes Profil, das Gesicht prägt Energie und Entschlossenheit aus, Stirnansatz, Nase und Kinn treten markant hervor. Hals und Nacken sind meist kräftig, gedrungen und muskulös gebaut.

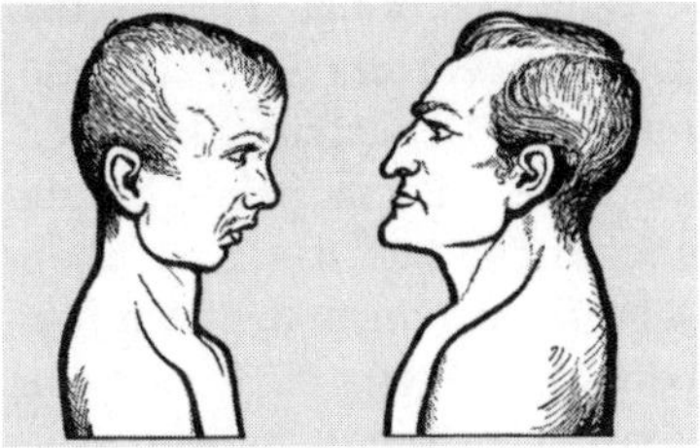

30 Der indifferente, negative und der impulsive, positive Mensch.

Das Hinterhaupt ist besonders im mittleren und oberen Teile kräftig entwickelt.

Stark impulsive Menschen gehen ohne äußere Antriebe und ohne Rücksicht auf den Massengeist aus sich selbst heraus vor.

Diese Gesichtstypen sind unverkennbar vorhanden, man beobachte sie nur und man wird finden, dass sich die Geistesrichtung solcher Menschen auch diesen ihren Gesichtsformen entsprechend und in den beschriebenen Charaktererscheinungen betätigt.

X
Die vier Temperamente

Abb. 31 bringt, nach Federzeichnungen, die vier Temperamente zur Darstellung, das phlegmatische, das sanguinische, das cholerische und das melancholische Temperament dar. Das Temperament zeigt sich weniger im konstanten Typus, es tritt daher vorherrschend in den besonderen typischen Bewegungserscheinungen und Gemütsstimmungen auf, etwa ruhig, lebhaft, energisch oder schwermütig.

31
Die vier Temperamente

So wie innerhalb einer Rasse die verschiedensten Naturelle auftreten, so bei jedem Naturell die verschiedensten Temperamente.

Die alten Ägypter glaubten irrtümlich, Rasse und Temperament seien identisch, sie gruppierten unter die vier Temperamente vier Rassen. Auch Linné vertrat diesen Irrtum. Erst Blumenbach hat die bekannten fünf Menschenrassen, die weiße, die gelbe, die rote, die braune und die schwarze, nachgewiesen und damit zugleich dargelegt, dass die Rasse der eigentliche konstante und vererbte Typus und nicht mit dem Temperament identisch ist. Das Temperament ist meist nicht so konstant wie die Rasse, und bei den meisten Menschen wechselt es in oft ganz kurzen Zeitperioden. So kann beispielsweise ein Mensch am Morgen energisch, mittags lebhaft, nachmittags ruhig und abends schwermütig sein. Freilich gibt es bei den wechselnden Temperamentserscheinungen gewisse typisch vorherrschende Grundtemperamentsstimmungen, oft herrscht ein Temperament, meist herrschen aber zwei oder drei Temperamente gemischt bei einer Person vor.

Die Art des Naturells und des Temperaments bei einem Menschen festzustellen, ist Sache des wissenschaftlichen Psychophysiognomen.

XI
Die Naturelllehre

Ich beobachtete folgende Grundtypen der Körper bei Pflanzen, Tieren und Menschen:

1. *Der breitmassige, fleischige, niedrige Ruhe- und ‹Ernährungstypus›.*

Hierzu sind zu zählen
a) im Pflanzenreich Kohl, Kartoffeln, Rüben, Kürbis, Salat,
b) im Tierreich Kuh, Schwein, Elefant, Gans, Karpfen,
c) beim Menschen die Breitgesichter mit breiten, massigen Wangen, kurzem Schädel, niederer bis mittelhoher Stirn, kurzem, dickem Hals, ebensolchen Beinen, Händen und Füßen und starkem Unterleib; es sind Rumpf- und Bauchmenschen.

Es sind Lebewesen, die vorzugsweise dem Ernährungsleben dienen, als Pflanzen niedrige und breitblätterige Form, als Tiere möglichst wenig Bewegung und Gliederung zeigen.

Die ersten und niedersten Entwicklungsformen im Tier- und Pflanzenreich (siehe Abb. 10) zählen zu diesem Rumpftypus, zum Ernährungsnaturell.

Die Menschen dieses Typus haben kein höheres geistiges Interesse, sondern mehr Sinn für praktisches Ernährungs-, Wirtschafts- und Sexualleben.

2. *Der lange, hartförmige Tat- und ‹Bewegungstypus›.*

Hierzu zählen
a) im Pflanzenreich Pappel, Esche, Tanne, Roggen und alle Halmfrüchte,
b) im Tierreich Hund, Pferd, Fuchs, Star, Aal,
c) beim Menschen die Langgesichter mit harten, hageren Wangen, langen Unterkieferbögen, langem Schädel, Hals, Rumpf und langen Gliedern. Es sind Gliedermenschen. Der Schädel ist meist niedrig und lang.

Es sind Lebewesen, die als Pflanzen langgestreckt in die Länge oder in die Höhe wachsen, die sich über die niedrigen, breitblätterigen Pflanzentypen erheben und daher mehr dem Licht, aber auch dem Wind und Wetter ausgesetzt sind. Sie entfalten großes Lebensstreben und starke physische Kraftorgane in den harten, zähen, holzartigen Stämmen.

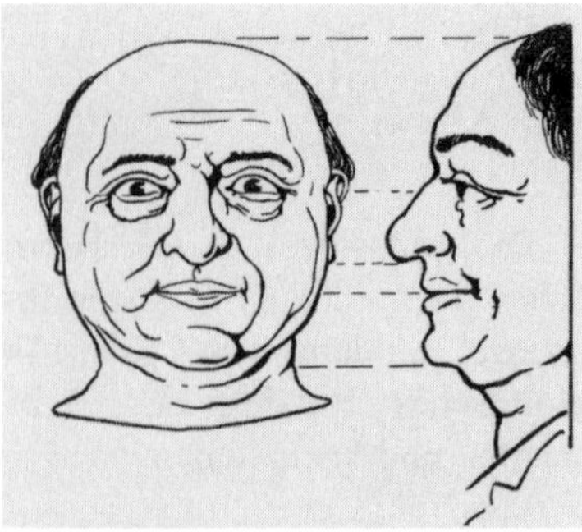

32 Das primäre Ernährungs- und Ruhenaturell. Wirkt ökonomisch und konservativ.

In diesen verbrauchen sie die meiste Lebensenergie, so dass bei manchen von ihnen für Blüte-, Blatt- und Fruchtbildung wenig übrig bleibt, wie beispielsweise bei den Nadelhölzern.

Als Tiere nehmen diese Typen eine größere Längsbahn oder einen größeren Flächenraum im Umkreis für ihre Bewegung in Anspruch, sie sind in der Nahrungsaufnahme wählerischer als die oft alles fressenden Ernährungstiere.

Als Menschen haben die Bewegungsnaturelle mehr Tat- und Bewegungsenergie als die Breitgesichter- und Bauchmenschen.

Sie entwickeln in geringerer Formoberfläche mehr Spannkraft und physische Energie.

Sie neigen zur Überhebung und zu harter Herrschaft über andere.

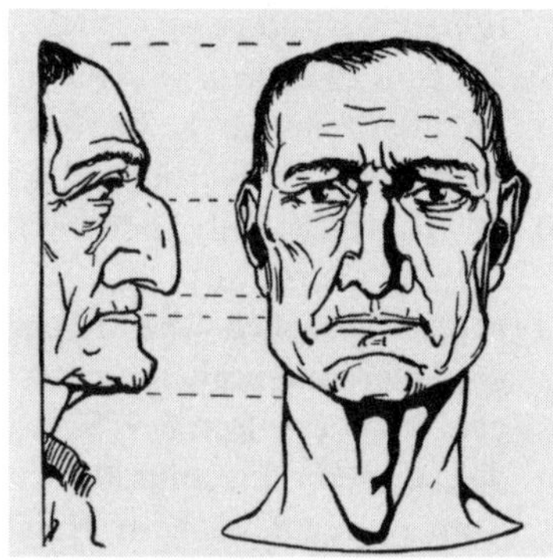

33 Das primäre Tat-, Energie- und Bewegungsnaturell. Wirkt konservativ herrschend und fortschrittlich revolutionär.

3. Der feine, zarte ‹Empfindungsformentypus›.

Hierzu zählen

a) im Pflanzenreich Mimose, Rose, Veilchen, Schneeglöckchen, Erdbeere und alle Beeren- und Blumenpflanzen,

b) im Tierreich Nachtigall, Schmetterling, Eichhörnchen, Reh, Ziege,

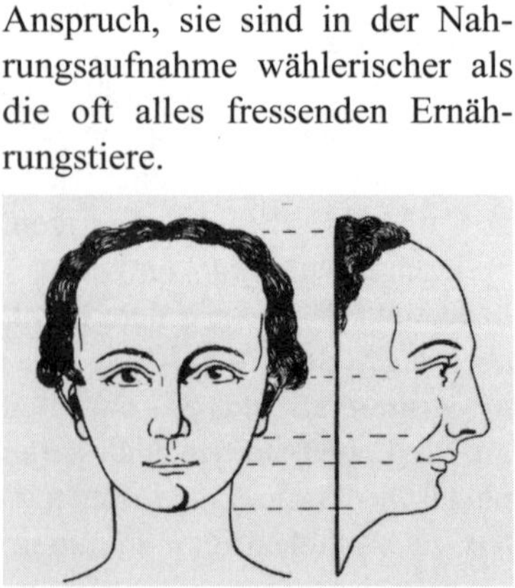

34 Das primäre Empfindungsnaturell. Wirkt veredelnd, verschönend, vergeistigend, verfeinernd.

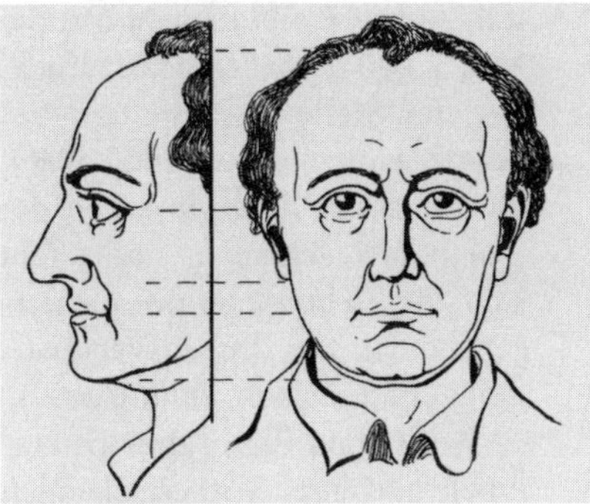

35 Polares harmonisches Naturell. Wirkt geistig emporziehend durch ideale Verbesserungen.

c) beim Menschen die ovalen Feingesichter mit dünnem, schlankem Hals, ebensolchem Rumpf und Gliedern, hoher, oft auch besonders oben breiter Kopf- und Gesichtsbildung. Es sind die Feingeistmenschen.

Alle Pflanzen in diesem Typus sind feingliederig, feinblätterig und blumenreich. Blüte, Farbe und Schönheit zu entfalten, scheint ihr Lebenswerk zu sein, und nur bei wenigen bleibt Lebenskraft für Holz und Früchte übrig. Veilchen und Erdbeeren, zum Beispiel, bilden Stängel ohne Holz, dafür reichlich Blumen, Blätter und Früchte.

Die Tiere in diesem Typus leben ein reicheres und feineres Gefühlsleben als die Ernährungs- und Bewegungstiere. Sie lieben eine noch weit mehr gewählte Nahrung als die Bewegungstiere. Sie besitzen weniger rohe und ausdauernde als graziöse, gewandte, edle Bewegungen.

Menschen in diesem Typus haben ein feines Seelenleben, sie lieben Kunst, Wissenschaft und edle Lebensart, und sie sammeln und pflegen die idealen Lebensgüter. Diese Typen haben bei der geringsten Körperfläche das höchste, tiefste und breiteste Empfindungsleben. Es sind die Menschen mit der größten HELIODAstrahlung. Es sind die duftigen, blumigen Edelmenschen, die in sich den Himmel tragen und, wenn ethisch durchgebildet, auch um sich her beglücken.

Ich nannte den ersten, breiten Grundformtypus das primäre Er-

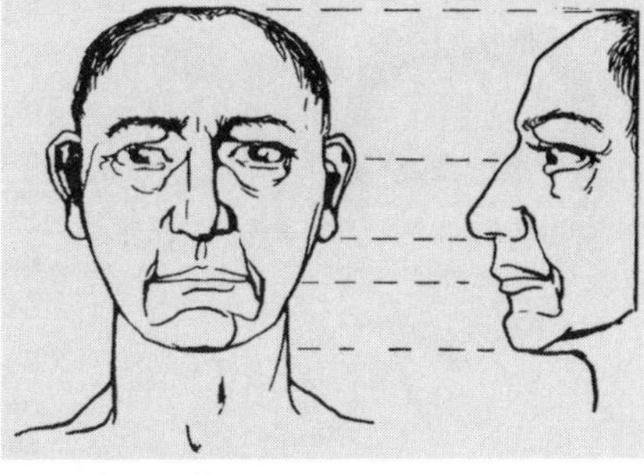

36 Polares disharmonisches Naturell. Wirkt geistig herabziehend durch zerstörenden Zynismus.

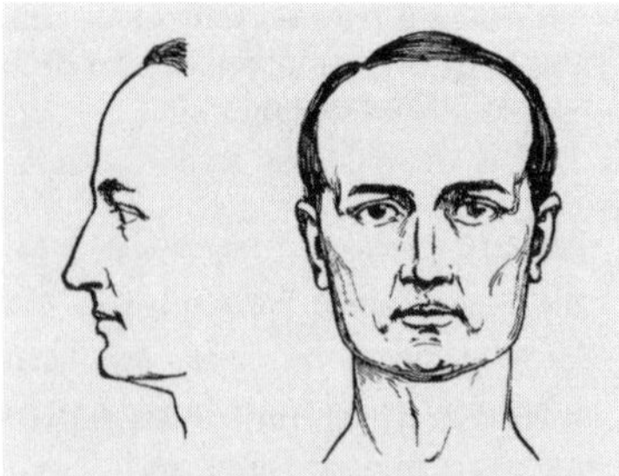

37 Sekundäres Bewegungs-Empfindungsnaturell. Der erfolgreiche Gelehrte.

nährungsnaturell; Abb. 32. In ihm sind die Massen in große, breite Formen geordnet.

Ich nannte den zweiten Grundformtypus das primäre Bewegungsnaturell; Abb. 33. Bei diesem ist die Spannkraft in der geformten Materie am stärksten entwickelt. Die Lebensenergie sucht sich bei diesem Naturell ein bestimmtes Ziel, um dieses zu erreichen, treten Ernährung, Ruhe, Zartheit und Empfindung zurück.

Ich nannte den dritten Grundtypus das Empfindungsnaturell; Abb. 34. Bei diesem tritt die Massigkeit der Formen zurück, an deren Stelle greift die feingliederige, zarte Formbildung Platz, die physische Energie ist in der Spannkraft schwach, dafür lebt sich die Lebensenergie vorherrschend in der Lebensvergeistigung und Lebensstrahlung aus.

Auf Grund dieser drei Grundtypen und ihrer vorherrschenden

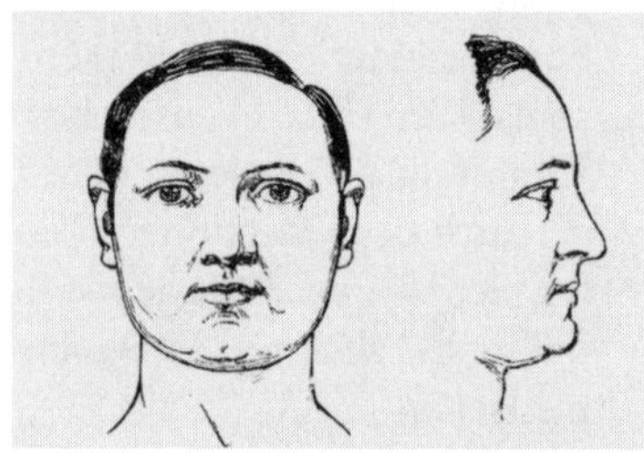

39 Sekundäres Ernährungs-Empfindungsnaturell. Der erfolgreiche Bürokrat.

Lebenskraftentfaltung entwickelte ich auch schon sehr früh mein eigenes System psychophysiologischer und biologischer Formbeobachtung und Beurteilung. Ich sah nicht nur die Form, sondern auch die Farbe, die Spannkraft und den Strahlungsprozess bei den Lebewesen. Dadurch drang ich tiefer in das innere Wesen der Dinge ein, als es mit der bisherigen alten naturwissenschaftlichen Methode geschah.

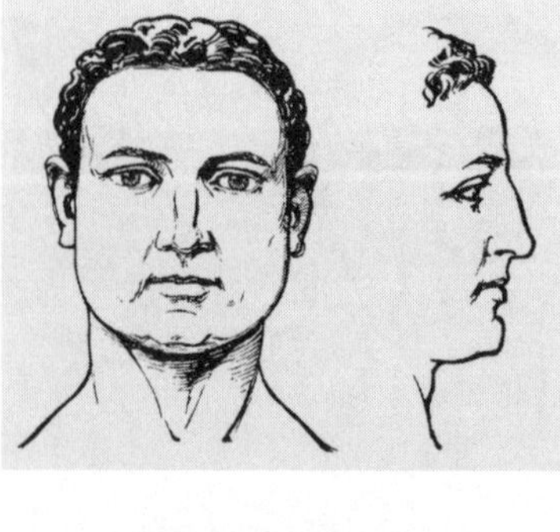

38 Sekundäres Bewegungs-Ernährungsnaturell. Der erfolgreiche praktische Geschäftsmann und Landwirt.

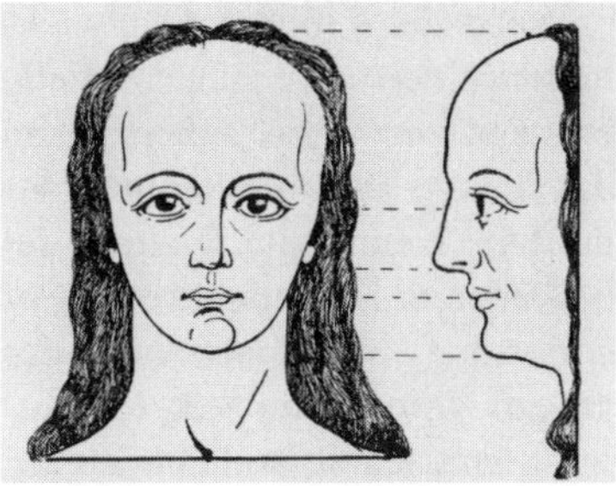

40 Ideales Naturell. Gottmenschtypus, Inbegriff alles Guten.

Ich fand auch in keinem System der Psychologie, Physiologie, Biologie, Morphologie, Physiognomik, Phrenologie und Mimik diese Untersuchungsmethode vor, man suchte überall nur Form, Masse, Farbe und Bewegung zu beobachten, nicht die Spannkraft und auch nicht die Strahlungsenergie. Ich fand aber auch nirgends dieses Dreitypensystem der Grundformen auch nur andeutungsweise vor.

Ich fand, dass außer den drei primären Grundnaturellen auch noch zwei polare, das disharmonische und das harmonische existieren.

Aus dem disharmonischen Typus entwickeln sich die gemeinen Naturen und Verbrechermenschen, aus dem harmonischen die edlen Leitmenschen. Es ist der geborene Adels- und würdige Regierungsmensch.

Unter den Pflanzen zähle ich die Palme, den Kirsch- und den Apfelbaum zum harmonischen Typus, die Disteln, die Giftpflanzen und andere zum disharmonischen Typus.

Unter den Tieren zähle ich viele Raubtiere zum disharmonischen Naturell, etwa den Wolf, die Hyäne und den Tiger, hingegen zähle ich den Edelhirsch, einige der vollförmigen Edelpferde und den Hahn zum harmonischen Typus.

Menschen, die im harmonischen Typus liegen, haben ein Gesicht wie Kaiser Wilhelm I., oder auch wie J. W. v. Goethe, sie sind universell und harmonisierend aufbauend, ausbauend und weise regierend.

Menschen im disharmonischen Typus sind wie Marat oder Nero, sie bringen viel Leid und

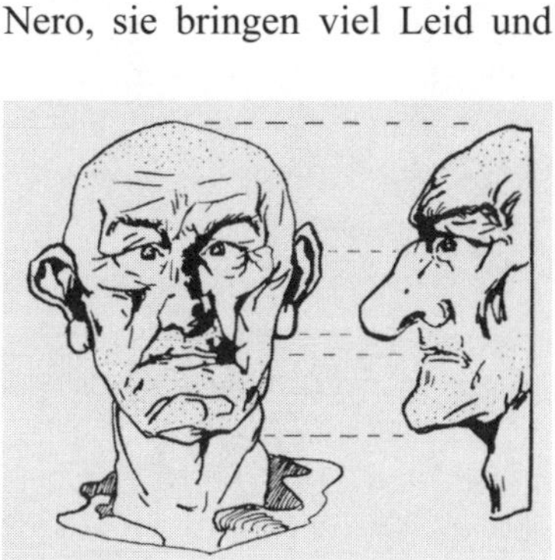

41 Verbrechernaturell. Teufelsmenschtypus, Inbegriff alles Bösen.

Unglück in die menschliche Gesellschaft, gleichviel ob es Revolutionäre, monarchistische Herrscher oder Alltagsmenschen sind. Sie finden Freude am Bösen, am Intrigieren, Schädigen und Zerstören.

Außer diesen zwei polaren Typen unterscheide ich auch noch drei sekundäre, acht tertiäre, zahlreiche indifferente und viele andere Naturelle.

Da entwicklungsgeschichtlich sich zuerst der breitförmige, dann der langförmige und schließlich der feinförmige Naturelltypus entwickelt hat, so habe ich die Naturelle nach dieser Reihenfolge geschildert.

Nach der Embryonalentwicklung aus der befruchteten Eizelle entstand zuerst das äußere, dann das innere und schließlich das mittlere Keimblatt. Da aus der besonderen Betonung resp. Energieladung des einen oder des andern Keimblattes sich das Naturell entwickelt, so habe ich auf den Abbildung 17, 18 und 19 der embryonalen Entwicklung gemäß zuerst den Empfindungs-, äußeres Keimblatt, dann den Ernährungs-, inneres Keimblatt, und weiter den Bewegungsnaturelltypus, mittleres Keimblatt, folgen lassen.

XII
Die Kopfformkunde und Geistesorganlehre Phrenologie nach der alten Methode von Dr. med. Franz Josef Gall

Franz Josef Gall (1758-1828), ein deutscher, in Wien tätiger Arzt und Anatom fand gegen Ende des 18. Jahrhunderts neue Grundlagen zu einer naturwissenschaftlichen Geisteslehre mit seiner Gehirnorgan- und Gehirnfunktionslehre.

Er nannte dieses System Organologie oder Phrenologie.

Der große physiognomische Schriftsteller *Johann Caspar Lavater* (1741-1801) hatte einige Zeit früher durch die Herausgabe seiner physiognomischen Fragmente die ganze gebildete Welt für die physiognomische Forschung interessiert. Lavater kam aber nicht zu überprüfbaren Erkenntnissen. Er trug ein prachtvolles Studienmaterial zusammen, das er nicht objektiv und nicht naturwissenschaftlich zu behandeln vermochte. Mit großer Liebe und Begeisterung, also aus rein subjektiven Gefühlsstimmungen heraus, beschrieb er dieses glänzend. Er fesselte mehr durch sein schriftstellerisches Talent als durch sein wissenschaftliches Vermögen. Die-

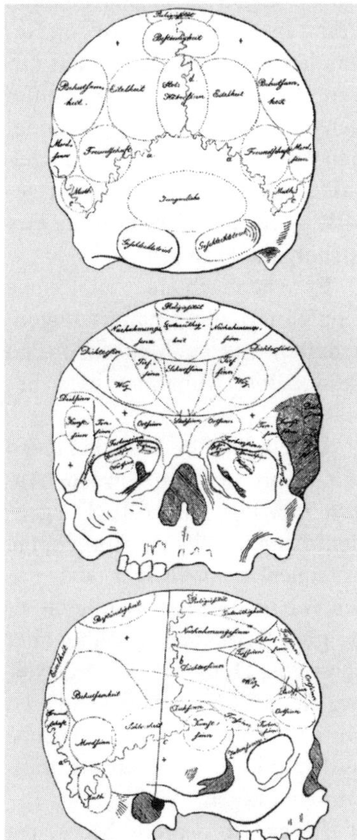

42 Die Phrenologie nach Franz Josef Gall. Die von Gall gefundenen Ausdrucksregionen.

se Lücke erkannten viele ernste Forscher. Lavater wurde in der Folge von der einen Partei gepriesen, von der anderen herabgewürdigt, aber niemand konnte es besser machen.

Der ernste Arzt und Anatom Franz Josef Gall kam auf den Gedanken, dass das Gehirn das Organ unseres bewussten Seelenlebens sei, und für die verschiedenen Triebe, Neigungen und Charaktereigenschaften müssten gewiss auch immer bestimmte Gehirnorgane tätig sein.

Er beobachtete zahlreiche Köpfe und die Charaktereigenschaften dieser Menschen und fand seine Annahme bald bestätigt.

Er entdeckte, dass Personen mit sehr hervortretenden Augen redselig, mit zurückliegenden Augen schweigsam waren. Personen mit niedriger, aber unten vortretender Stirn zeigten eine gute Beobachtungsgabe, aber schwache Denk- und Gemütssinne, sie waren kurzblickend und stumpfsinnig für philosophische und religiöse, für weit- und tiefsinnige Fragen.

Hingegen waren Menschen mit starker Oberstirn und gut entwickeltem Oberhaupt, aber schwacher, zurücktretender Unterstirn schwache Beobachter, fassten schwer auf, waren Grübler, Phantasten und ungeeignet fürs praktische Leben.

Menschen, bei denen die Unter-, Mittel- und Oberstirn stark und kernig plastisch entwickelt war, zeigten eine allseitig bedeutende Geisteskraft im Beobachten, Denken und Urteilen.

So verschieden wie die Stirnformen der Menschen waren, so verschieden waren auch ihre Verstandeskräfte.

Ähnlich so verhielt es sich mit der Oberhauptbildung. Personen mit starkem hinterem Oberhaupt waren stolz und selbstbewusst, mit schwachem hinterem Oberhaupt bescheiden und uneigennützig, mit starkem vorderem Oberhaupt wohlwollend und mitleidig, mit schwachem gefühllos und rücksichtslos. Menschen mit starkem oberem Hinterhaupt waren berufstüchtig und berufsstolz, zeigten Schneid und Gewandtheit, die mit starkem mittlerem Hinterkopf waren konzentrierfähig, die mit starkem unterem Hinterhaupt zeigten starke Gesellschaftstriebe, Gatten- und Kinderliebe und Anhänglichkeit.

Gall ging der Sache näher auf den Grund und beobachtete nach und nach, dass bei Menschen, die sich durch irgendeinen starken Charakterzug besonders aus-

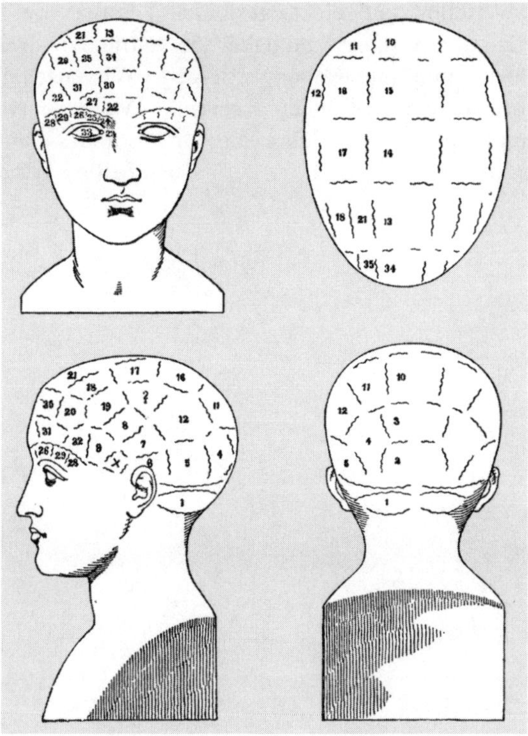

43 Das von Johann Caspar Spurzheim, einem Schüler und Freund von Gall, sowie von G. Combe und Gustav Scheve weiter ausgebaute System der Phrenologie.

zeichneten, auch immer ein bestimmtes Gehirnorgan, und zwar bei allen Menschen stets dasselbe bei gleicher Charakteranlage hervorragend ausgeprägt war, und er fand so nach und nach die einzelnen Organe des Gehirns, die für Kinderliebe, Konzentration, Selbstbewusstsein, Gottesglauben, Humanität, Denktätigkeit, Gedächtnis, Beobachtung, Erwerb, Kampf und Verheimlichung besonders arbeiten. Die vergleichende Forschung und Erfahrung bestätigte immer wieder diese Wahrnehmung, und so entstand die Wissenschaft der Phrenologie. Es war eine empirische und analytische Methode, aus den Verhaltensweisen und aus den Lebens- und Geistesorganen die einzelnen geistigen Charaktereigenschaften zu erklären.

Dieser neue Versuch zur Begründung einer wissenschaftlichen Psychologie bewegte sich zweifellos auf einer gesunden Grundlage, diese fand daher viele Freunde und Anhänger in allen wissenschaftlichen Kreisen, und mehr als fünf Jahre lang hat Franz Josef Gall belehrende Vorträge in Wien über seine neue Wissenschaft abgehalten. Diese Methode war anschaulich, verständlich und konnte von Fall zu Fall praktisch bewiesen werden.

XIII
Die Rassenschädellehre von Blumenbach, die Gesichtswinkellehre von Peter Camper und die Kranioskopie von Rudolf Virchow

Lange vor F. J. Gall hatte *Johann Friedrich Blumenbach* (1752-1840), der Begründer der Anthropologie und der Rassenlehre, durch vergleichende anatomische Forschungen auf die verschiedenen typischen Schädelformen der verschiedenen Rassen hingewiesen und darauf aufmerksam gemacht, dass die verschiedenen Schädelformen besondere Rasseneigentümlichkeiten sind, die mit den ganzen Lebensbedingungen, Neigungen und Charaktereigenschaften einer Rasse in Verbindung stehen.

Bedeutende französische und englische Forscher haben diese Tatsache ebenfalls anerkannt, und bald darauf wies *Peter Camper* (1722-1789), ein holländischer Anatom, nach, dass bei Tieren und Menschen eine höhere Intelligenz vorhanden ist, je höher der Gesichtswinkel sich von einem spitzen zu einem geraden Winkel hebt. Mit dem Gesichtswinkel steht die Gehirnorganisation im Zusammenhang, das heißt, je mehr das Vorderhirn und der Scheitellappen sich an Massigkeit und Qualität entwickeln, desto mehr tritt das Verstandes- und Gemütsleben in Erscheinung, umsomehr erhält das Gesicht eine menschenähnliche Form und treten die Unterkiefermassen gegenüber der Stirnmasse zurück und kommen in ein besseres Gleichgewicht. Diese Grundlagen sind ebenfalls in der Wissenschaft allgemein anerkannt.

Rudolf Virchow (1821-1902) suchte, auf diese Tatsache bauend, eine neue Schädellehre, die Kranioskopie, zu begründen und legte hierbei besonders die Camper'sche Gesichtsentwicklungslehre zu Grunde.

Gall war aber lange vor Virchow schon einen bedeutenden Schritt weiter gegangen, er hatte im Gehirn selbst die einzelnen Organe aufgesucht, die den Schädel formen und die äußere Gestalt geben und fand damit den richtigen Weg zu der anschaulichen, naturwissenschaftlichen Psychologie.

Ich führe diese Tatsachen daher dem geschätzten Leser vor Augen, damit jeder daran er-

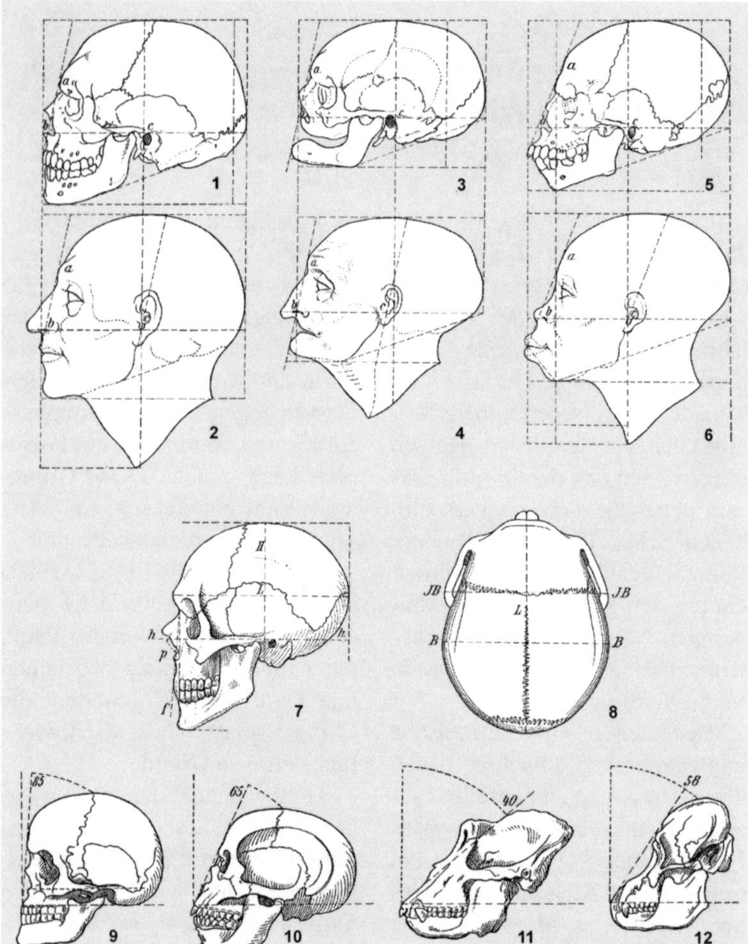

44 Vergleichende Studie über den Gesichtswinkel nach Peter Camper.

45 Schädel und Schädeldurchschnitte vom Menschen und vom Menschenaffen nach Rudolf Virchow. 1 Schädel eines Mikrokephalen; 2, 3 Schädel und Schädeldurchschnitt einer Australierin; 4, 5 Schädel eines erwachsenen Orang-Utang; 8, 9 Schädel eines jungen Schimpansen.

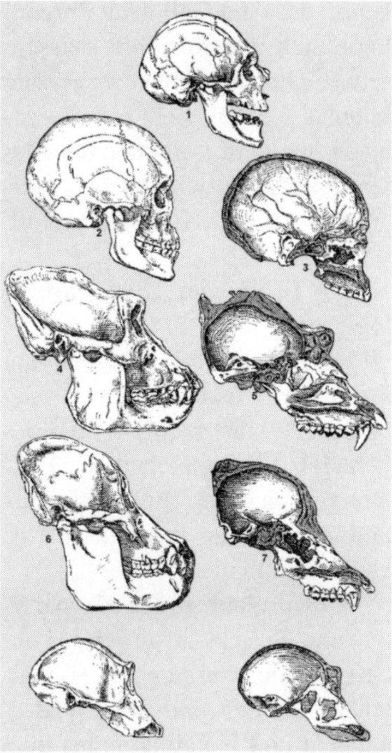

Virchows ganzes Bestreben ging darauf hinaus, solche Schädel von Mikrokephalen und niedersten Menschenrassen (Australier) den Menschenaffenschädeln, die von sehr hoher Wölbung und selten schöner Form waren, gegenüber zu stellen, um dadurch den Nachweis zu erbringen, dass die Lehre von Charles Darwin und Ernst Haeckel falsch sei, nämlich dass sich aus den höheren Affen der Mensch entwickelt habe. Ähnlich so wie Virchow die Entwicklungslehre, bekämpfte seinerzeit Leunis die Blumenbach'sche Rassenlehre, jedoch mit einer entgegengesetzten Methode. Leunis sammelte Schädel aus der Hildesheimer Gegend, die Ähnlichkeit mit anderen Rassen zeigten, um so zu beweisen, dass es keine Menschenrasse gebe, weil verschiedene Schädel überall wachsen. Doch hat die Erfahrung gelehrt, dass die Rassenschädel doch noch ganz bedeutend für sich sprechende Merkmale haben, die keiner der Schädelverschiedenheit einer und derselben Rasse gleichkommen. Dadurch siegte die Rassenlehre Blumenbachs.

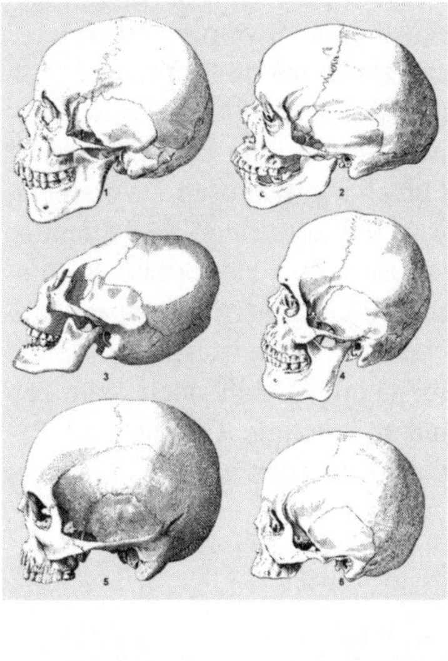

46 Schädel nach Blumenbach, welche die Verschiedenheiten ausgestorbener und lebender Rassen erweisen. 1 Schädel eines Mongolen, 2 eines Afrikaners, 3 einer Peruanerin ausgestorbener Rasse, 4 einer Türkin, 5 eines Altgriechen, 6 eines Kalmücken.

Der Schädel der Peruanerin spricht dafür, dass es ausgestorbene Menschenrassen gab, deren Schädel denen der höheren Menschenaffen näher standen als den höchsten Menschenrassen. Man vergleiche diesen tierartigen Schädel mit den Schimpansenschädeln und dann mit dem Altgriechenschädel. Jenes Urmenschenweib war tatsächlich dem Schimpansen ähnlicher an Geist und Körper, als dem Altgriechen. Zugleich kann man an den sechs Schädeln studieren, dass je schöner, höher, gewölbter und wohlgerundeter der Schädel ist, desto schöner der Gesichtsknochenbau und edler der Gesichtstypus ist.

kennt, dass die Gall'sche Phrenologie sich auf wertvolle wissenschaftliche Vorarbeiten stützen konnte, sie hat sich ganz organisch aus dem vorhandenen Material heraus entwickelt.

Aber sie blieb noch unvollkommen.

Die Fehler der alten Phrenologie sind:

1. Gall glaubte, dass an der Form der rechten Hirnhemisphäre bzw. des rechten Teils des Schädels die gleichen Charaktereigenschaften zum Ausdruck kommen wie an der linken. Das ist ein Irrtum.

2. Gall glaubte, den Körpertypus und Gesichtsausdruck bei der Charakterbeurteilung ausschalten zu können und alle Geistesanlagen und Neigungen aus dem Gehirn- und dem diesem entsprechenden Schädelbau ersehen zu können; auch das ist einseitig und ein zum phrenologischen Dogma führender Irrtum.

3. Gall glaubte, dass allein mit der Quantität des Gehirns auch die Quantität und Qualität des Geistes zusammenhingen, und er sah nicht die qualitative Kraft des Geistes; auch darin irrte er.

4. Gall glaubte, in den materiellen Gehirnorganen das Geistesleben allein gefunden zu haben, und er übersah, dass das Gehirn sowie das Nervensystem sich aus einer hierzu besonders vorgebauten Eiweißsubstanz der lebenden Zelle erst nach und nach gebildet haben, dass also das Geistige gar nicht an das Gehirn gebunden ist und das Gehirn nur ein Ausdruck der organisierenden Lebens- und Geisteskraft ist und nicht umgekehrt.

5. Gall glaubte, dass das materielle Organ Gehirn alles für den Geist bedeute und dass ohne Hirn kein Geist denkbar sei. Er übersah hierbei, dass hinter dem materiellen Organ ‹Gehirn› Natur-, Welt-, Lebens- und Geisteskräfte gewirkt, gebaut und gestaltet haben und dass in diesen tieferen Ursachen die Wurzeln des Geistes und des Geistesinstruments ‹Gehirn› bei Tieren und Menschen erkannt werden müssen.

Das ist meine Kritik an der alten Gall'schen Phrenologie; sonst ist Gall auf dem besten Weg der Forschung gewesen. Wir schätzen ihn als einen bedeutenden Bahnbrecher einer naturwissenschaftlichen Methode anschaulicher psychologischer Tatsachenforschung gleich nach Winckelmann, Lessing, Goethe und Lavater und allen großen Plastikern und Malern.

XIV
Die Neuphrenologie der Psychophysiognomik

Die Psychophysiognomik, wie ich sie begründet habe, sucht das Geistesleben nicht nur in der Gehirnorganisation, sondern zuerst in der gesamten Körperkonstitution zu erforschen, und hierzu dient mir die Naturelllehre als wichtigste Grundlage.

Nach dieser Körperformenkunde erkennen wir erst einmal die Lebensrichtung eines Individuums vermöge seiner angeborenen Systemgrundanlage.

Erst in zweiter Linie kommt die Gehirnorganisation in Frage, und jeder Kopf trägt schon, da er aus dem jeweiligen Rumpf seines Trägers herausgewachsen ist, auch den Charakter dieses Körpertypus, und innerhalb dieses großen Charakters des Körpers sind erst die kleinen Charaktereigenschaften des Gehirns zu werten.

Meiner Gehirnbau- und Kopfformorganisation liegt der Entwicklungsgedanke zu Grunde. Danach entwickelt sich von unten aufsteigend die geistige Veranlagung. Ich komme in meiner Neuphrenologie nicht zu den ganz gleichen, aber zu ähnlichen und weit schärferen und präziseren Resultaten als Franz Josef Gall. Form, Psychologie und Ausdruck des Kopfes ergeben sich aus der Achsenlehre der Kraftrichtungsordnung sowie aus der Physiologie des Gehirns.

Ich lehre schließlich: Das Gehirn und die Schädelform geben uns Aufschluss über die Geistesanlagen, nicht aber über den vollen Charakter des Menschen, denn hierzu ist auch der Ausdruck des Gesichtes mit von größter Bedeutung. Sobald es darauf ankommt, den momentanen Seelenzustand, die Leistungsqualität, die erfolgte Entwicklung der Talente und den Charakter genauer festzustellen, ist der Ausdruck des Gesichtes von größerer Bedeutung. Die Gehirnanlagen, die wir aus der äußeren Schädelform erkennen können, zeigen uns also nur die Begabungsrichtungen eines Menschen an.

Auf Abb. 22 ist die evolutionäre Entstehung des Lebens, der Nervenkraft, des Empfindens, der Gehirnorgane und des menschlichen Geisteslebens in übersichtlichen Illustrationen dargestellt.

Aus den sympathischen Nervenganglien des Herzens, der Lunge, des Magens, der Leber, der Nieren, des Darmsystems, der Geschlechtsorgane usw., welche ihre überschüssigen Lebenskräfte am zehnten Hirnnerv, dem Vagus, sowie auch am Sympathikus zum Mittelhirn emporsenden, ist fraglos dieses zentrale Nervenorgan, als Lebens- und Geisteszentralorgan, entstanden.

Das Mittelhirn ist das Organ des Gefühls, von welchem alles Leben im Körper und im Gehirn abhängt, ist dieses erkrankt, so erkranken Geist und Körper, ist es gesund, so sind Geist und Körper gesund. Aus der körperlichen Gesundheit folgt die geistige Gesundheit, das ist ein alter Erfahrungssatz, umgekehrt folgt aus der geistigen Gesundheit, die gleichbedeutend ist mit einem gesunden Gefühl, auch die körperliche Gesundheit.

Gesundes Lebensgefühl bedeutet alles.

Mit der Entwicklung des Rückenmarks bildete sich die Bewegungsenergie und, damit in Verbindung stehend, das Kleinhirn als Zentrale für innere und äußere Körperbewegungen aus.

Je stärker also das Kleinhirn entwickelt ist, was an einem starken und breiten Nacken sowie an einem kräftigen Hinterhauptschädel zu erkennen ist, desto mehr hat ein Mensch Bewegungs- und Tatenergie.

Aus beiden Hirnen, aus dem Gefühls- oder Mittel- und aus dem Bewegungs- oder Kleinhirn hat sich das Großhirn durch den Faserverlauf der Nervenfasern dieser beiden Unterhirne gebildet.[32]

Die Form des Gehirns und des Schädels bringt nach oben hin, am Oberhaupt, das höhere Gefühls- oder Begeisterungsleben, das ideale Geistige zum Ausdruck; nach vorne hin, an der Stirn, die Verstandeskräfte; nach hinten, am Hinterhaupt die Tatkräfte; am unteren Hinterhaupt auch das Gesellschafts- und Liebesleben; am Seitenhaupt zeigt sich das ökonomische Leben.

32 Die Formbildung des Gehirns und des Schädels, ja, des ganzen Kopfes geschieht nicht durch die Kortexzentren. Der Kortex ist die überall nahezu gleich dicke äußerste Schichte des Großhirns. Er ist für die Formbildung von keiner besonderen direkten Bedeutung. Insofern können die Kortexzentren weder als Beweis noch als Gegenbeweis für die Ausdrucksregionen der Phrenologie Verwendung finden. Dahingegen finden die Kräfte, die die gesamte Architektur des Kopfes, des Schädels und des Gehirns bilden, in dieser Architektur ihren mathematisch genauen Ausdruck.

Der phrenologische Kopf von Gustav Scheve

Nach den Nummern der Abbildung 43 studiere man an dieser Stelle die hier nachfolgend verzeichneten Grundkräfte des Geistes. Sie entsprechen dem Originaltext von Gustav Scheve.

Scheve deutet die geistigen Grundkräfte teilweise anders und meiner Ansicht nach vielfach korrekter als Gall. Man vergleiche diese Scheve'sche Darstellungsweise mit der auf Abb. 42 gebrachten von Gall. Scheve unterscheidet 36 ‹innere Sinne›, den ersten bezeichnet er mit einem Kreuz, fraglos war er über diesen noch im Ungewissen. Er beginnt also beim zweiten ‹Sinn› mit 1.

1. Niedere Sinne

- \+ Nutrital[33], Nahrungssinn
- 1. Generatal, Sinn der Geschlechtsliebe
- 2. Infantal, Sinn der Kinderliebe
- 3. Conzentratal, Einheitssinn
- 4. Amicatal, Sinn der Anhänglichkeit
- 5. Oppositai, Kampfsinn
- 6. Actital, Zerstörungssinn
- 7. Secretal, Verheimlichungssinn
- 8. Acquisatal, Erwerbssinn
- 12. Cautal, Sinn der Vorsicht

2. Gemütssinne

- 10. Ipsotal, Sinn des Selbstgefühls
- 11. Ambital, Sinn der Beifallsliebe
- 15. Firmital, Sinn der Festigkeit
- 16. Conscienta, S. der Gewissenhaftigkeit
- 14. Veneratal, Sinn der Verehrung
- 17. Speratal, Sinn der Hoffnung
- 13. Bonital, Sinn des Wohlwollens
- 21. Imitatal, Sinn der Nachahmung
- 18. Miraculital, Sinn für Wunderbares
- 19. Idealital, Sinn für Ideales
- 20. Comicatal, Sinn für Scherz

3. Niedere Verstandessinne

- 22. Realital, Gegenstandssinn
- 23. Formital, Formensinn
- 24. Amplital, Raum- oder Fernsinn
- 25. Ponderital, Gewicht- oder Wägesinn
- 26. Colorital, Farbensinn
- 29. Ordital, Ordnungssinn
- 28. Numerital, Zahlensinn
- 27. Locatal, Ortssinn
- 30. Factital, Tatsachensinn
- 31. Tempital, Zeitsinn
- 32. Musicatal, Tonsinn
- 9. Constructal, Sinn für Baukunst
- 33. Verbotal, Wortsinn

4. Höhere Verstandessinne oder Denkkräfte

- 34. Comparital, Vergleichungsvermögen
- 35. Causalital, Schlussvermögen

Damit man sich über die Wechselwirkungen von Gehirn- und Körperorganen eine richtige Vorstellung machen kann, bringe ich hier die Abbildung 47 über das Eingeweidesystem mit dem sympathischen Nervensystem und seinen Verzweigungen im menschlichen Körper. Aus diesem Bild lernen wir, dass zwei Hauptnervenstränge, in welchen zahlreiche Nervenfasern,

33 Man spreche die Endsilbe «tal» nicht lange und gedehnt – taal – aus, sondern kurz und hart, also Nutrital wie Nutritall.

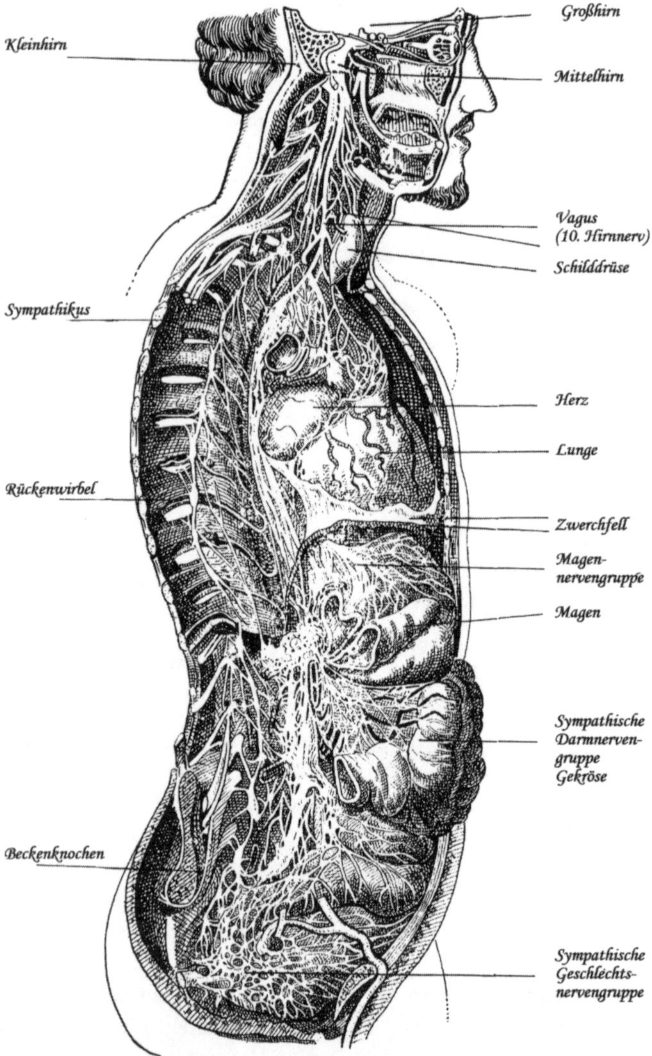

47 Das Eingeweidesystem und das sympathische Nervensystem mit seinen Verzweigungen im menschlichen Körper. Der weiße Nervenstrang, der Sympathikus, der sich am Rückenmark, sowie der Vagus, der sich von den inneren Körperorganen aus emporzieht, endigen im Mittelhirn, dem Lebensgefühlsgehirn.

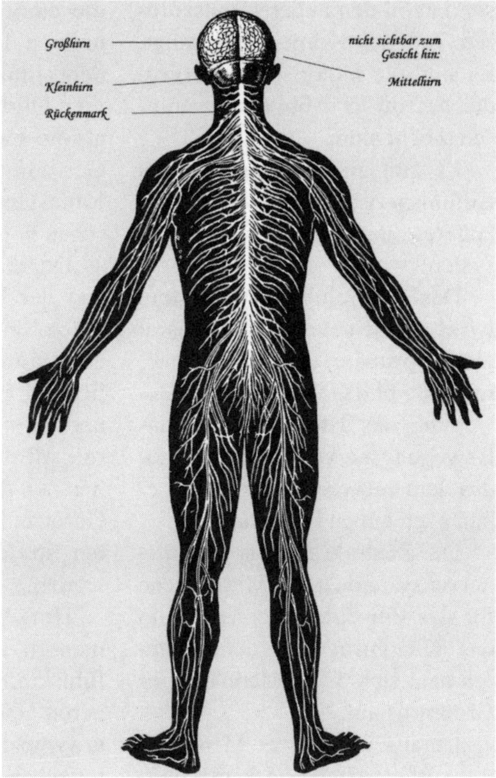

48 Das motorische Nervensystem. Das Rückenmark des Menschen mit seinen Nervenverzweigungen an der Rückenseite des Körpers. Oben am Rückenmark die beiden Hemisphären des Kleinhirns, darüber die des Großhirns, zur Vorderseite hin darunter, hier nicht sichtbar, liegt das Mittelhirn.

Die Nervenkraft für Bewegung ist im Kleinhirn konzentriert, von dort im Rückenmark sich fortpflanzend, verbreitet sie sich in alle Organe durch die von Kleinhirn und Rückenmark ausgehenden Nervenstränge, besonders aber in alle inneren und äußeren Körpermuskeln.

die von den einzelnen Lebensorganen und ihren Ganglien ausgehen, im Körper bis oben ins Mittelhirn emporgewachsen sind.

Sie verbinden das Leben aller Einzelorgane mit dem Zentralorgan, dem Mittelhirn. Das Mittelhirn ist daher das Lebensgefühlsgehirn.

Das sympathische Nervensystem ist das Gefühlsnervensystem.

Wie wir sehen können, liegt dieses vorzugsweise in der vorderen Körperhälfte. Wir werden später erfahren, dass es auch im Vorder- und Oberhirn in seinen letzten Fasern verläuft.

Auf der Rückenseite, Abb. 48, sehen wir oben im Kopf den Teil des Großhirns, der die Tattriebe zur Anspannung, zur Arbeit und Bewegung enthält. Darunter liegt das Kleinhirn, von welchem sich senkrecht nach unten das Rückenmark unter allen möglichen Nervenverzweigungen, besonders in den äußeren muskulösen Teil des Körpers verzweigt. Es sind die motorischen Nerven, die auf dieser Abbildung veranschaulicht sind.

Es gibt also ein inneres, das Gefühlsnervensystem, und ein äußeres, das Bewegungsnervensystem.

Das Gefühlsnervensystem wirkt auf den Bewegungsapparat als das primäre, es setzt das innere Denk- und Gefühlsleben in Bewegung, das dann wieder auf das Bewegungsnervensystem wirkt, das dem äußeren Leben, dem Leben nach außen hin dient.

Die Zentrale für das Gefühlsnervensystem ist das Mittel-, jene für das Bewegungsnervensystem das Kleinhirn. Aus dem ersteren baut sich der vordere Teil des Großhirns auf.

Daraus folgt, dass Menschen mit vorherrschend stärkerem Vorderhirn *Innerlichkeits- und Gefühlsmenschen,* Menschen mit stärkerem Hinterhaupt *Äußerlichkeitsmenschen und daher Repräsentations-, Tat- und Willensmenschen* sind.

Es sind diese zwei Hauptgruppen von Menschen, wenn man nur die Form des Schädels berücksichtigen will, daran zu erkennen, dass man vom Ohrloch bis zum unteren Stirnrand sich die eine, vom Ohrloch bis zum unteren Hinterhauptrand die andere Linie denkt; ist die Linie vom Ohrloch bis zur Stirn länger als die andere, so haben wir einen Geistesmenschen, ist die andere Linie länger, einen Willensmenschen vor uns.

Durch das Gefühl wird aber erst der Wille angeregt und geleitet. Sind nun die Zentralorgane der motorischen Nerven erheblich stärker als die der Gefühlsnerven, so ist solch ein Mensch roh, oft rücksichtslos, er kann daher nur durch äußere Sitten und Gesetze, durch Furcht vor harten Strafen gezügelt und regiert werden.

Hingegen wird der Gefühlsmensch mehr von inneren Gefühlskräften geleitet, und alle äußeren Zwangsgesetze sind ihm unsympathisch. Durch die motorischen Nerven, welche auf die Muskeln wirken, werden die Muskeln angespannt und in Tätigkeit gesetzt, durch die Muskeln werden wiederum die Knochen bewegt.

Die Reihenfolge der Reize ist demnach:

1. Aus den Geschlechts-, Verdauungsorgan-, Magen-, Herz- und Lungennervenganglien und im letzten Ursprung aus den Zentrosomen der Zellen, speziell der

Fruchtzellen, also aus der Lebensempfindungs- und Strahlkraftzone, entstand das Leben.

2. Dieses Leben mündet durch Nervenfasern in das Mittel- oder Lebensgehirn.

3. Das Mittel- oder Lebensgehirn ist das Organ für das innere Leben. Es sendet seine Nervenfasern nach allen Seiten aus, einmal zum Vorder-, Seiten- und Großhirn und zum Gesicht, zu den Augen und den anderen Sinnesorganen, besonders aber auch zum Kleinhirn und zum Rückenmark und sendet nach meiner Ansicht in diesen abzweigenden Nerven die Nervenlebenskräfte, die HELIODAstrahlen, zu den betreffenden Organen weiter, die es mit Lebensstrahlkräften nährt.

4. Das Kleinhirn, vom Mittelhirn angeregt, entfaltet dann seine Spannkräfte besonders durch Aussendung von Strahlen in das Rückenmark und in die gesamte Körpermuskulatur, wodurch alle Organe zur Spannkraft, zur Bewegung angereizt werden.

Auf Abb. 49 ist ein Muskelmensch, auf Abb. 50 ein Knochenmensch dargestellt.

Erst durch diese Veranschaulichung erhalten wir einen klaren Begriff von der Bedeutung der einzelnen Organe und ihrem Zusammenwirken und wie das Gehirn durch zweckmäßige Anordnung und Gliederung, rein organisch genommen, mit seinen verschiedenen Teilen verschiedenen Zwecken dient. Diese einfache Tatsache ist in der alten Gall'schen Phrenologie nicht erkannt und zur Darstellung gekommen, das blieb daher das Fehlerhafte an jenem System, wodurch es einen mystischen Anstrich bekam. Nach dieser neuen Psychophysiognomik und Phrenologie, die ich seit dreißig Jahren (seit 1883) lehre und hier veranschauliche, findet jedermann alles so leicht verständlich und natürlich, dass dieses mein neues System daher das alte Gall'sche längst verdrängt hat.

Welche Ordnung im menschlichen Körper herrscht, sehen wir auf Abb. 51, dem mathematischen Schema über den Blutkreislauf des Menschen.

Die Weisheit, das Gefühl, die Kraft, die Liebe zum Leben, zur Ordnung, zum Organisieren und zum Schaffen von Organen entspringt aus der lebenden Urmaterie selber. Das menschliche Gehirn ist lediglich ein Entwicklungsprodukt dieser tief verborgenen Geisteskräfte. Es war daher ein Irrtum von Gall, das Umgekehrte anzunehmen, nämlich, dass das Gehirn das Geisti-

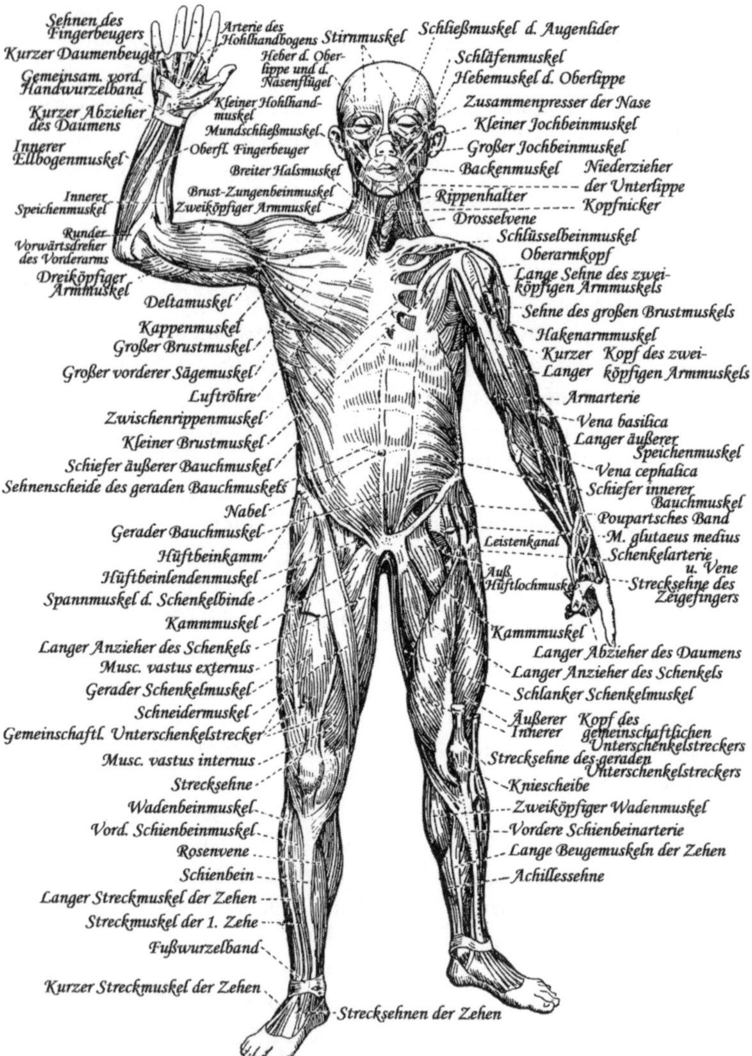

49 Das Muskelsystem des Menschen.

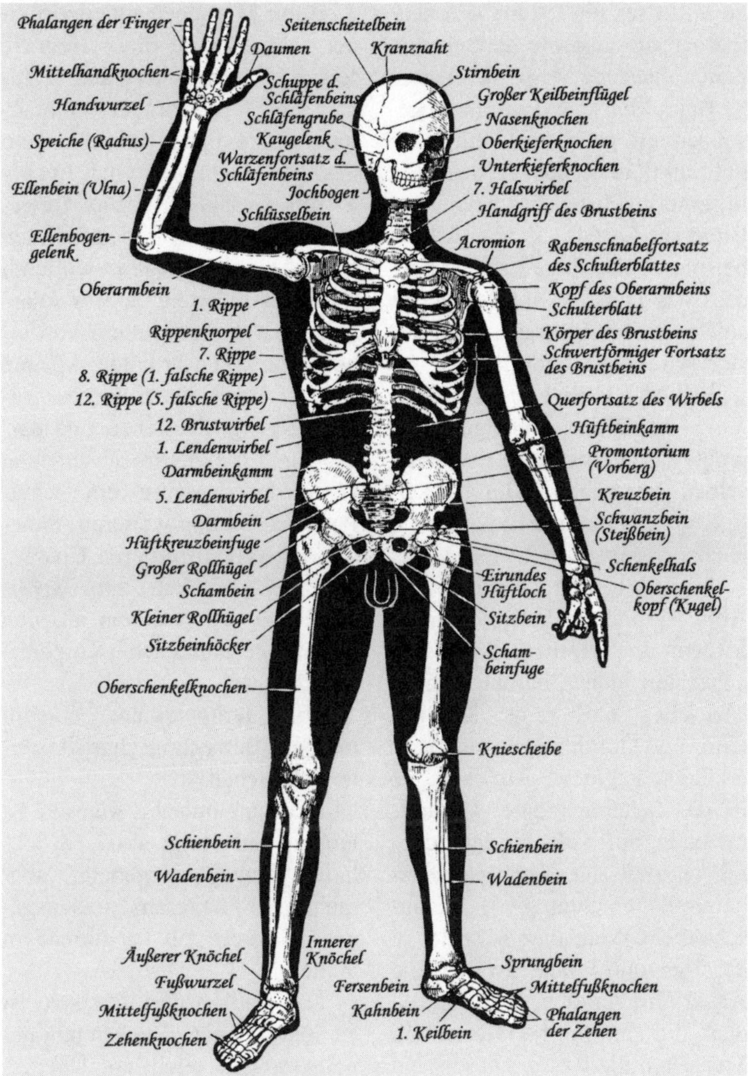

50 Das Knochensystem des Menschen.

ge selbst sei, ein Irrtum, den heute noch die gesamte herrschende materialistische Medizin vertritt.

Beim Menschen kommt im gesunden, gut gebauten Gehirn, das gut funktioniert, das Geistesleben in seiner höchsten uns bekannten Blüte zur Entfaltung, aber daraus beispielsweise folgern zu wollen, dass das Geistige aufhört, wenn solch ein Gehirn krank oder zerstört wird, das ist ein Irrtum.

Es hört nur die Lebenserscheinung des Normalgeistigen auf, nicht das Leben des Geistigen selbst. Dies habe ich durch wichtige beweisführende Experimente nachgewiesen.

In den beiden Darstellungen Abb. 52 und 53 habe ich mein System, wie ich methodisch vorgehe, um den Charakter eines Menschen und seine Körper-, Hirn- und Gefühlsorganisation zu erklären, gebracht. Auf Abb. 52 ist das Schema meiner Gesamtmethode, auf Abb. 53 das Schema speziell der Temperamentsharmonieberechnung veranschaulicht. Man unterscheidet in der Tier- und Pflanzenwelt 1. die Art, 2. die Gattung, bei Pflanzen dann die Familie, bei Tieren und Menschen die Rasse. Dieses sind die rohen, vorbauenden biologischen Begriffe zur Einteilung der Gliederungen der Lebewesen.

Beim Menschen innerhalb einer Ethnie fallen diese Begriffe fort, ich beginne also damit, zuerst das Temperament zu beurteilen, darauf das Naturell, dann das Geschlecht, dann den Impuls a) fürs Gefühls-, b) fürs Bewegungsleben, und erst auf diesen gesunden Grundlagen, wodurch wir von vornherein eine zuverlässige Charakterzeichnung von einem Menschen erhalten, können wir zur Beurteilung der Gehirnveranlagung übergehen und daran, durch die Gehirnachsen- und Gehirnregionenlehre ein scharfes Bild von den weiteren, feineren, eigentlich mittleren Charakteranlagen erhalten, zum Unterschied zu den gröberen aus den vorhin bezeichneten Körpererscheinungen.

Das Temperament erkennt man am Bewegungscharakter eines Menschen.

Der sanguinische Mensch ist lebhaft, unbedingt aktiv, zu lebhafter Bewegung geneigt, aber mehr mit heiterem Lebensgenuss, weniger mit verzehrendem Willen.

Der cholerische Mensch ist zu energischer Bewegung geneigt, welche leicht zur Überanstrengung der Kräfte führt, seine Richtung heißt, einen bestimmten Willen schnell, energisch und

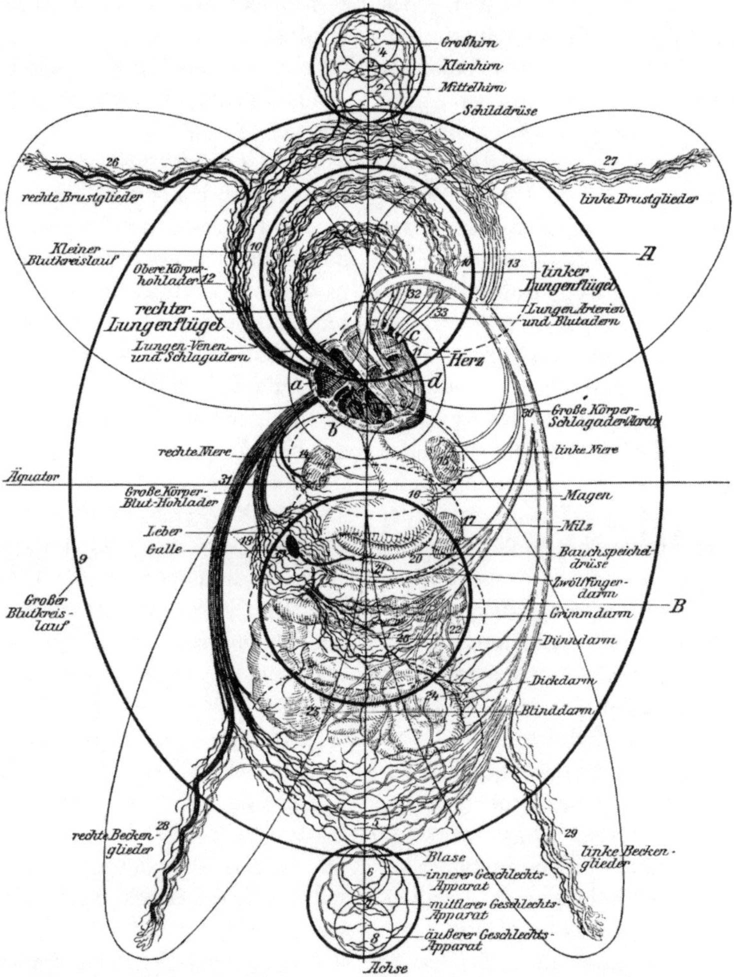

51 Der menschliche Blutkreislauf und die organische Grundlage der Glieder, der Zentralorgane und der Körpermassen nach der mathematisch-physikalisch-biologischen Weltformel. Entworfen und gezeichnet von Carl Huter. Das Gehirn, das Herz und der Geschlechtsapparat liegen auf der magnetischen Achse, Gehirn- und Geschlechtsorgane liegen sich polar. Das Herz steht annähernd im Brennpunkt der Ellipse. Gegenüber dem vorherrschend arteriellen oberen Blutkreislauf steht ein venöser unterer. Die Beine sind magnetische, die Arme elektrische Glieder.

rücksichtslos auf Kosten jedes Lebensgenusses durchzusetzen, sowohl bei der eigenen Person als auch bei andern Menschen.

Das sanguinische Temperament ist zu gleichen Teilen aus den Gefühls- und den Bewegungsnervenimpulskräften, das cholerische Temperament aus vorherrschenden Bewegungsimpulsen hervorgegangen.

Beim melancholischen Temperament herrscht das Gefühlsleben meist derart überwiegend vor, dass die Bewegungsimpulse dabei völlig zurückgedrängt sind. Es ist daher das Temperament der Denker und Philosophen, der Büchergelehrten und Stubenhocker, während das sanguinische Temperament bei Soldaten, Jägern, Handwerkern und besonders bei Schauspielern, Rednern und Sängern anzutreffen ist.

Das phlegmatische Temperament prägt das vegetative Leben aus, es ist langsam im Gefühl und in der Bewegung, daher auch gleichgültiger als die anderen Temperamente.

Choleriker als Bürobeamte sind unausstehlich, sie tyrannisieren andere oder machen sich selbst nervös. Als energisch im Freien sich bewegende Menschen wirken sie ästhetisch, gesund und wohltuend.

Melancholiker als reisende Kaufleute, als praktische Unternehmer oder als Offiziere wirken unausstehlich, als Gelehrte edel und würdevoll.

Phlegmatiker als Generäle, Kavallerieoffiziere oder Unteroffiziere, Polizeibeamte im Außendienst sind undenkbar, wenn sie es dennoch sind, so füllen sie ihren Platz mehr als Karikatur denn als berufstüchtige Männer aus. Phlegmatiker wirken hingegen als Richter und als Räte äußerst angenehm.

Zwei Temperamente, welche sich direkt gegensätzlich liegen, wie beispielsweise das phlegmatische und das cholerische Temperament, kommen stets zu Streit und Uneinigkeit, da sie zu verschieden, entgegengesetzt tätig sind.

Zwei gleiche Temperamente stoßen sich häufig ab, mitunter können sie sich, wenn der Charakter und das Ziel ihrer Tätigkeit bei beiden sympathisch liegen, gut verstehen, doch bleibt eine kleine Reibung ab und zu nicht aus. Am glücklichsten harmoniert ein reines primäres Temperament mit einem gemischten oder sekundären Temperament, wie beispielsweise das cholerische mit dem sanguinisch-phlegmatischen oder das melancholische mit dem

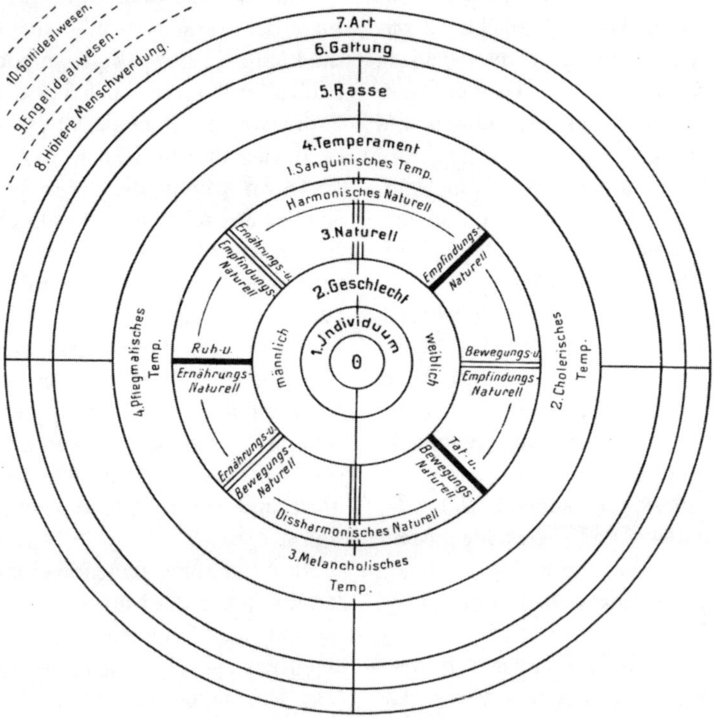

52 Gesamtbeurteilungsschema der Psychophysiognomik. Das Individuum steht im Zentrum. Es hat eine Individualität, also individuelle Merkmale; es hat ein Geschlecht, ein Naturell, ein Temperament und evolutionär vorbauende Wurzeln.

phlegmatisch-sanguinischen, das sanguinische mit dem cholerisch-melancholischen.

Die von mir aufgefundene Regel ist also: Das eine reine Temperament harmoniert immer mit den zwei folgenden, wo diese gemischt auftreten. Aber auch hier ergeben sich Unterbrechungen, es harmoniert beispielsweise nicht der Choleriker mit dem melancholisch-phlegmatischen Menschen in seiner Tätigkeit, wohl aber in seiner Ruhe.

Diese besonderen Feinheiten in der Temperamentsharmonielehre lassen sich am besten persönlich bei mir in meinen Lehrkursen erlernen.

Nach dem Temperament ist das Naturell zu beurteilen. Das Naturell ist aus den drei Organsystemen hervorgegangen, das System, das vorherrscht, ist das leitende und gibt dem ganzen Menschen den Grundcharakter seines Denkens, Fühlens und Handelns.

Ähnlich stark wie vom Naturell, ist der Mensch von seinem Geschlecht und von seinen Impulstrieben beeinflusst.

Es gibt stark geschlechtlich, doppelt geschlechtlich, betont und schwach geschlechtlich, ja selbst indifferent und auch abnorm oder verkehrt geschlechtlich empfindende Menschen.

Diese drei Kapitel, Naturell-, Impuls- und Geschlechtsharmonielehre werde ich noch am Schluss dieses Buches besonders behandeln.

Wir wollen nun zur Gehirnpolaritäts-, Achsen- und Ausdrucksregionenlehre übergehen. Wir werden darum weiter den Menschen geistig zerlegen und zu erkennen suchen.

An der normalen Stirn eines ausgewachsenen, geistig gereiften, hochbegabten Menschen habe ich sieben Ausdrucksregionen festgestellt. Diese verschiedenen Regionen korrespondieren mit den fünf äußeren und den zwei inneren Sinnen, wie es Abb. 54 veranschaulicht.

Ich unterscheide drei Formen der Verstandestätigkeit: 1. die kühle, 2. die spekulative oder nach aller Wahrheit suchende und 3. die warme Verstandestätigkeit.

In den drei unteren Regionen der Stirn kommt die kühle Verstandestätigkeit zum Ausdruck. In der ersten Region über dem Stirnrand kommen die Auffassungssinne, darüber in der zweiten Region die Vorstellungskräfte und weiter darüber in der dritten Region das vergleichende praktische und urteilende Denken über das real Erfasste, Gesehene, Gehörte und Vorgestellte zum Ausdruck.

In der darüber liegenden vierten Region, in der Mitte der Stirn, kommt das Suchen nach aller Wahrheit zum Ausdruck, aus allem Bekannten der realen Erkenntnis Schlussfolgerungen auf das Unbekannte zu ziehen. Es ist der spekulative, philosophierende, spähende Denksinn.

Darüber findet die warme Verstandestätigkeit Ausdruck. Sie ist stärker mit dem eigenen Gefühl verbunden.

Da ist das qualitative oder weise Denken, das aus allem Erkannten das Beste, das Edelste und auch Nützlichste zusammenzufassen und von diesem aus seine Weltanschauung und seine Le-

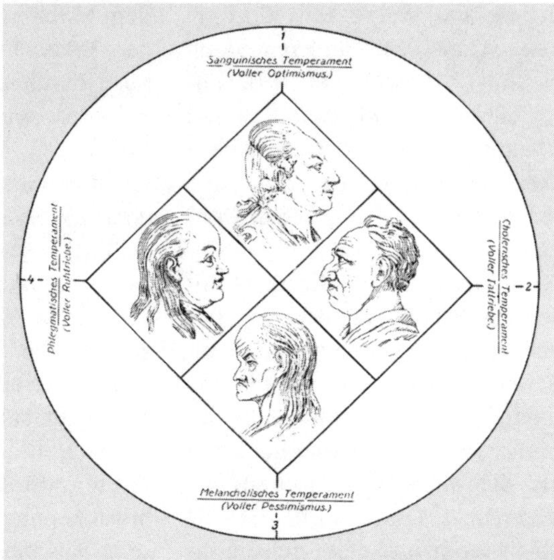

53 Die vier Temperamente und die Berechnung ihrer Harmonie und Ergänzung.

bensgrundsätze zu gestalten sucht. Es ist der Sinn der weisen Gesetzgeber und Moralphilosophen, der Pädagogen, der großen Künstler und der Meister der höchsten Systeme aller Fächer des menschlichen Wissens. Dieses kommt in der fünften Stirnregion zum Ausdruck.

Darüber liegt das ethische Denken, das sich sozusagen die Türen offen hält, um von Fall zu Fall, auch von der Regel abweichend, nach immer besserer Erkenntnis zu streben. Das ethische Denken ist mit stärkster Liebe zum Guten und zur Wahrheit ausgestattet. In der obersten Stirnregion findet alles Suchen, alle Liebe zur Wahrheit mit der Ergebung an die menschliche Unzulänglichkeit den Abschluss durch die Erkenntnis, dass es irgendwo die Allwahrheit, die vollkommene Wahrheit, das vollkommene Gute gibt, aber dieses ist nur bei den vollkommensten Wesen zu finden, bei der Gottheit. Das Sehnen geht dahin, aus diesem letzten Grund, aus der Gottheit, die höchsten und letzten Wahrheiten zu suchen, es gipfelt im vollen Vertrauen, im Glauben an das Göttliche, in der Liebe zum Göttlichen. Das religiöse Denken kommt oben in der siebenten Stirnregion zum Ausdruck.

Ist nun die Stirn so gebildet, dass nur die unteren drei Regionen stark hervortreten, die darüberliegenden sehr zurücktreten, also schwach entwickelt sind oder gar fehlen, so haben wir einen Menschen vor uns, der fähig ist, das Wahre soweit zu erkennen, als seine äußeren Sinne es ihm vermitteln, er beobachtet kalt, denkt und urteilt kalt und kommt in dieser kalten, vermeintlich höchsten Objektivität ohne jedes subjektive Empfinden wohl zu erweiterten, aber nicht zu tieferen Erkenntnissen. Er bleibt mit seinem Wissen an der Oberfläche der Naturerscheinungen hängen und verflacht. Es ist die Methode, welche die Mehrzahl der modernen Naturwissenschaftler als die allein wissenschaftliche bezeichnet. Diese Auffassung ist aber eine irrige, denn diese kühle, sinnliche Methode führt uns zur äußeren, aber nicht zur inneren Wahrheit der Dinge, sie lässt nur alles das erkennen, was sich als Stoff und Kraft äußert, nicht aber das Geistige, das hinter Stoff und Kraft wirkt. Diese so genannte moderne naturwissenschaftliche Methode kann also, indem sie sich mit äußeren Naturerkenntnissen bereichert, von der inneren Wahrheit gänzlich abirren. Sie ist tatsächlich auch zur völligen Verblendung in der Erkenntnis über die innere Wahrheit vom Geistigen gekommen, indem sie bis zur Verleugnung derselben hingelangt ist. Diese Art wissenschaftlicher Modernismus ist tatsächlich eine große Kulturgefahr. In dem Maße, wie eine Erweiterung der Erkenntnis über Kraft und Stoff durch diesen Modernismus gefördert wurde, hat auch eine Verblödung in der geistigen Tiefenerkenntnis unter manchen von diesen Wissenschaftlern Platz gegriffen.

Diese moderne naturwissenschaftliche Methode führte nicht zur ganzen, dem menschlichen Geiste erreichbaren Wahrheit, sie bleibt daher Halbwissentum, das sich mit den selbstgefälligen Worten ‹exakt wissenschaftlich› brüstet, ohne es in Wahrheit zu sein. Aus diesem Grunde ist alle naturwissenschaftliche Erkenntnis, die hinter den unteren oder niederen Stirnregionen zustande kommt, mit der philosophischen, forschenden und vergleichenden, die in der mittleren darüberliegenden Stirnregion zum Ausdruck kommt, zu ergänzen.

Die Philosophie ist die Brücke, von der Erfahrung aus auf Unbekanntes richtig zu folgern und neue Wahrheiten zu erschließen, solche Wahrheiten, welche die Naturwissenschaft niemals aus sich selber finden kann. Die spekulative Philosophie wurde daher auch stets die Bahnbrecherin des wissenschaftlichen Fortschritts.

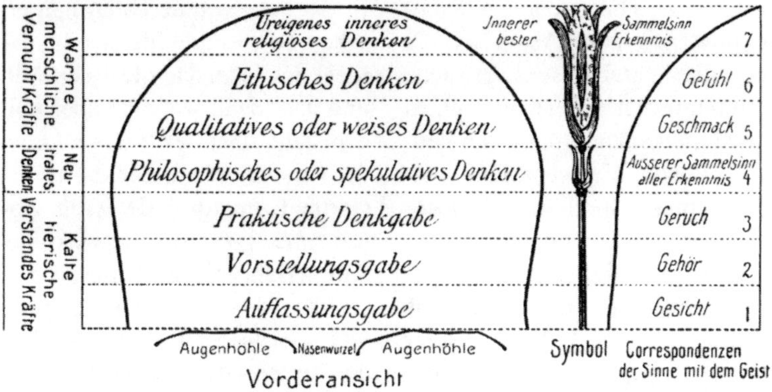

54 Die Stirnregionen der neuen Phrenologie.

Über dieser rein philosophischen Erkenntnisfähigkeit liegen nun die Weisheitskräfte, welche vom Geschmack und vom inneren Gefühl geleitet werden. Sie führen erst zum Verständnis des Lebens, des Geistes und der letzten Dinge. Ohne diese Sinne kann das Geistige nicht voll erkannt werden.

Gesetzt aber den Fall, der Mensch legte sich von vornherein auf alte Dogmen gedankenlos fest, oder er würde in sich selber trotz dieser Gehirnorgane mit üblen Ideen so belastet werden, dass er als kein reiner, guter Mensch, sondern als ein Fehlentwickelter zu betrachten wäre, dann würde die Bedeutung dieser Organe auch eine dementsprechende Herabminderung oder Modifikation erfahren, so dass sie sogar teilweise als bedeutungslos oder fehlgeleitet gewertet werden müssten.

Dieses ist bei nicht naturwissenschaftlich und logisch gebildeten Menschen recht häufig der Fall.

Als Beispiel möge uns dienen: Ein Mensch mit stark zurücktretender Unter- und Mittelstirn bei gleichzeitig stark vortretender Oberstirn ist der Gefahr ausgesetzt, sich in ganz unwahrscheinliche Ideen zu verbohren und in Religion, Moral, Sitte und Gesetz das Unsinnigste zu glauben und für wahr zu halten oder gar als Reformer einführen zu wollen, eventuell, wo es schon besteht, festzuhalten.

Die erstere einseitige Denkrichtung der kalten Sinne kommt häufig bei der Sozialdemokratie und beim Freisinn, die der einseitigen warmen Sinne bei den

Spiritisten, Theosophen und Ultramontanen zum Ausdruck. Es hat die naturwissenschaftliche Erkenntnismethode daher einen vorzüglichen Unterbau einer neuen Erkenntnis geschaffen, aber dieser muss durch die Philosophie fortgesetzt und durch weise Lebens- und Geistesforschung ergänzt werden, nur so kann das ganze geistige Leben unserer Zeit aus Dogmen, Zersplitterungen und Gegensätzen sich zur aufsteigenden, harmonischen Erkenntnis entwickeln. Alles Freidenkertum bleibt eine Halbheit, wenn es sich damit begnügt, sich von alten moralischen und religiösen Irrtümern zu befreien und sich auf oberflächliche, naturwissenschaftliche Dogmen festzulegen. Es ist auch nötig, zu einer neuen Lebens-, Geistes-, Moral- und Religionserkenntnis emporzusteigen und zu reineren, höheren Wahrheiten auf diesen Gebieten zu gelangen.

Wichtig ist es, dass wir dieses Mittel der Menschenkenntnis besitzen, um die Menschen richtig einzuschätzen, um sicher beurteilen zu können, was wir von dem Einzelnen zu halten und nicht zu halten haben.

Auf Abb. 55 ist das Schädeldach nach der neuen Phrenologie zur Darstellung gebracht.

An der Zentrale kann man ersehen, dass es drei Ideale gibt, das Ideal des Ichs, das Ideal der Welt und das Ideal, welches über beiden steht, über der Welt und über der Persönlichkeit, und das ist die Gottheit. Im Ideal der Welt gipfelt alle geistige Entwicklung. Alle Erfahrung lehrt diesen Abschluss der Gehirnorganisation und Geistesbetätigung, nämlich den festen Glauben an die Gottheit, folglich muss dieser Glaube auch naturgemäß normal und gesund sein.

Am Schädeldach, Abb. 55, sehen wir eine Anzahl Sinne verzeichnet, welche rechtsseitig etwas anderes bedeuten als linksseitig, und die nach hinten zu etwas anderes als nach vorn zu ausdrücken. Links kommt mehr die Liebe, rechts mehr die Kraft zum Ausdruck. Das hatte Gall noch nicht erkannt, es ist das Resultat meiner langjährigen Forschungen, die uns in das Wesen des inneren, höheren Geisteslebens des Menschen einführen.

Wie das Naturell den Charakter und die Handschrift beeinflusst, sehen wir an den sieben Köpfen mit den Schriftproben auf Abb. 58.

Auf Abb. 56 lernen wir das neuphrenologische System in seinem ganzen Umfang kennen.

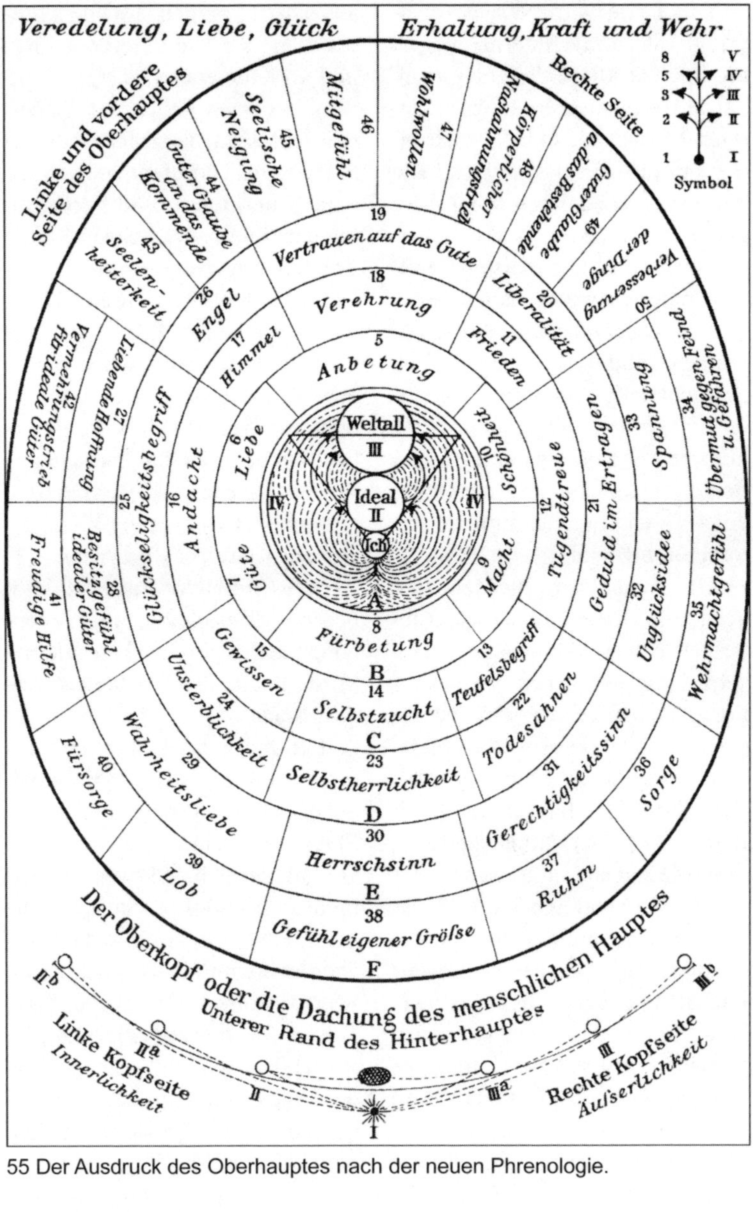

55 Der Ausdruck des Oberhauptes nach der neuen Phrenologie.

Die Linie vom Nasenwurzelgrund bis zum Hinterhaupt gibt die Spannkraft der Tatenergie an, ist sie lang, wie beim langschädeligen Menschen, so haben wir einen tatkräftigen, ist sie kurz, wie beim kurzschädeligen Menschen, einen schwachen Tatkraftmenschen vor uns. Die meisten Großunternehmer waren langschädelige Menschen, waren kurzschädelige darunter, so haben sie sich langschädelige Menschen als erste Mitarbeiter engagiert. Denn nur von der Energie der leitenden Persönlichkeit hängt aller Erfolg eines Geschäfts oder anderer Unternehmungen ab.

Die Achse vom Nacken zum vorderen Oberhaupt ist die Liebesachse, ist diese stark resp. sehr lang, so haben wir einen Liebesmenschen vor uns, ist sie schwach resp. kurz, ist beispielsweise die Achse vom Kinn bis zum oberen Hinterkopf erheblich länger (im Verhältnis gedacht, proportional also), so haben wir den kühl berechnenden Willensmenschen vor uns.

Die lange Achse vom Nasenhöcker bis zum oberen Hinterhaupt zeigt, dass sich solch ein Mensch energisch zur Geltung zu bringen weiß. Die Fortpflanzung der Kleinhirnenergie sehen wir in den Linien, welche von diesem ausgehend in den Jochbeinknochen, in den Unterkieferknochen und im Kinn enden.

Wir dürfen daher mit Sicherheit schließen, dass Menschen mit starken, hervortretenden Jochbeinen, Unterkiefern und hervortretendem Kinn rücksichtslos ihren Trieben und Neigungen nachgehen und tatkräftig ihren Willen durchzusetzen suchen.

Am Hinterhaupt sehen wir in den Regionen der Umrissphysiognomie des Schädels die geistigen Triebe und Charakteranlagen für das Liebes-, Gesellschafts-, Arbeits-, Berufs- und Willensleben zum Ausdruck gebracht.

Am Oberhaupt finden die höheren Gemütssinne, am Seitenhaupt die ökonomischen und am Vorderhaupt die Verstandessinne Ausdruck.

Die ganze Zeichnung führt uns mit voller Klarheit in die Grundzüge dieses Systems der neuen Phrenologie ein.

Auf den Abb. 54 bis 58 sind meine Originalforschungen die neue Phrenologie und die Psychophysiognomik betreffend wiedergegeben. Der Körper lässt, s. Abb. 56, die vegetative Anlage, der Hals Quantität und Qualität der stofflichen Körperbeschaffenheit und des Gefühlslebens erkennen. Die Geistesanlagen, vom un-

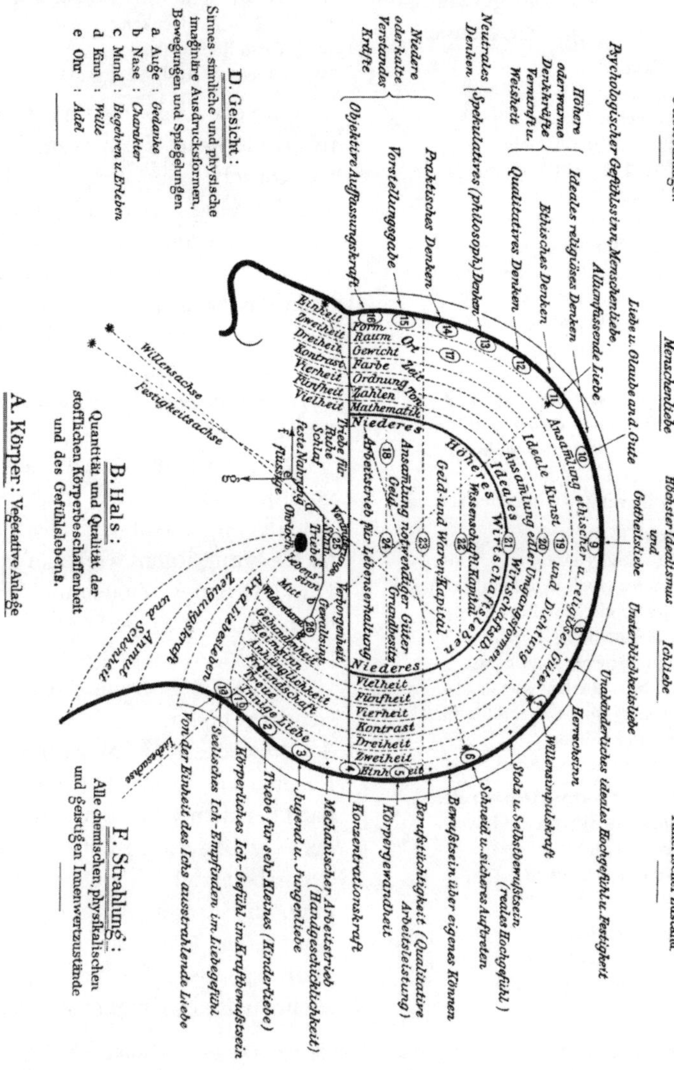

56 Die neue Phrenologie im Zusammenhang mit der Physiognomik des Gesichts und des Körpers. Das Achsen- und Regionensystem der neuen Phrenologie.

teren Hinterkopf ausgehend, sind wie nachfolgend verzeichnet:

Hinterhaupt

1a Seelisches Ich-Empfinden
1b Körperliches Ich-Gefühl im Kraftbewusstsein
2 Triebe für sehr Kleines (Kinderliebe)
3 Jungen- und Jugendliebe, mechanischer Arbeitstrieb (Handgeschicklichkeit)
4 Konzentrationskraft, Körpergewandtheit
5 Berufstüchtigkeit (qualitative Arbeitsleistung), Bewusstsein über eigenes Können
6 Schneid und sicheres Auftreten, Stolz, Selbstbewusstein (reales Hochgefühl)
7 Willensimpulskraft, Herrschsinn

Oberkopf

8 Unabänderliches, ideales Hochgefühl und Festigkeit Unsterblichkeitsliebe
9 Gottheitsliebe und höchster Idealismus
10 Liebe und Glaube an das Gute, psychologischer Gefühlssinn, Menschenliebe, allumfassende Liebe

Höhere oder warme Denkkräfte, Vernunft und Weisheit, ideales religiöses Denken

11 Ethisches Denken
12 Qualitatives Denken

Neutrales Denken

13 Spekulatives, philosophisches Denken

Niedere oder kalte Verstandeskräfte

14 Praktisches Denken
15 Vorstellungsgabe
16 Objektive Auffassungskraft

Wir sehen also, dass am unteren Hinterhaupt die persönlichen Liebestriebe wie innige Liebe, Treue, Freundschaft, Anhänglichkeit, Heimsinn, Gebundenheit, am oberen Hinterkopf dagegen mehr das Tatleben zum Ausdruck kommen. Am Oberkopf bekundet sich mehr das religiöse Leben, im Vorderhaupt liegt das Verstandesleben.

Dicht über den Augenbrauen, von der Nasenwurzel nach der Schläfe zu, finden wir die Sinne für Form, Raum, Gewicht und Farbe, Ordnung, Zahlen und Mathematik, eine Fingerbreite darüber für Ort, Zeit und Ton.

Wie aus dem Studienkopf ersichtlich, kommt am Seitenkopfe des Menschen das ökonomische Leben zum Ausdruck. Unmittelbar über dem Ohr liegt zunächst der Veränderungssinn, weiter der Arbeitstrieb für Lebenserhaltung, die Ansammlung notwendiger Güter, Geld- und Warenkapital, wissenschaftliches Kapital, schließlich noch mehr nach dem

57 Die rechte und linke Kopfseite des Menschen. Die rechte Kopfseite offenbart die Wehr- und Widerstandsgrundkräfte des physischen und geistigen Lebens, die linke Hals-, Gesichts-, Kopf- und Körperhälfte des Menschen bringt die sensiblen, sympathischen und freien schöpferischen Liebes- und Gestaltungstriebe zum Ausdruck. Dies ist durch vergleichende Forschungen und Experimente festgestellt.

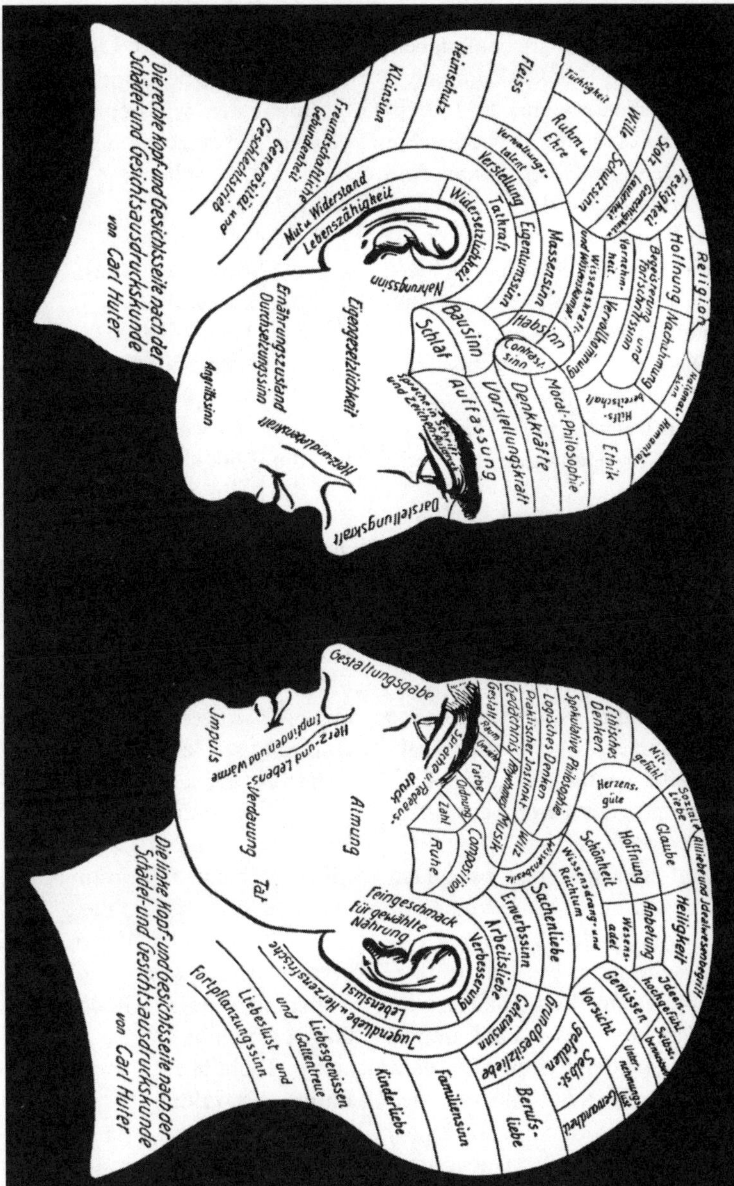
Die rechte Kopf- und Gesichtsseite nach der Schädel- und Gesichtsausdruckskunde von Carl Huter
Religion
Hoffnung
Festigkeit
Stolz
Wille
Ruhm u. Ehre
Fleiss
Heimschutz
Kleinsinn
Freundschaftliche Gebundenheit
Generosität und Geschlechtstrieb
Mut u. Widerstand
Lebenszähigkeit
Widersetzlichkeit
Tatkraft
Verstellung
Eigentumssinn
Massensinn
Habsinn
Bausinn
Schlaf
Auffassung
Vorstellungskraft
Denkkräfte
Moral-Philosophie
Ethik
Nachahmung
Nahrungssinn
Eigengesetzlichkeit
Ernährungszustand
Durchsetzungssinn
Angriffssinn
Darstellungskraft
Die linke Kopf- und Gesichtsseite nach der Schädel- und Gesichtsausdruckskunde von Carl Huter
Gestaltungsgabe
Ethisches Denken
Spekulative Philosophie
Logisches Denken
Praktischer Instinkt
Gedächtnis
Herzensgüte
Glaube
Hoffnung
Schönheit
Heiligkeit
Anbetung
Gewissen
Vorsicht
Sachenliebe
Erwerbssinn
Arbeitsliebe
Verbesserung
Geheimsinn
Grundbesitzliebe
Berufsliebe
Familiensinn
Kinderliebe
Liebesgewissen und Gattentreue
Liebeslust und Fortpflanzungssinn
Jugendliebe u. Lebenslust, Herzensfrische
Feingeschmack für gewählte Nahrung
Composition
Musik
Witz
Ruhe
Zahl
Ordnung
Farbe
Atmung
Verdauung
Tat
Impuls
Herz- und Lebens-Empfinden und Wärme

Oberhaupt, die Triebe für höheres, ideales Wirtschaftsleben, Ansammlung edler Umgangsformen, ideale Kunst und Dichtung und Ansammlung ethischer und religiöser Güter. Hinter dem Ohr liegen noch der Lebenssinn, Mut, Widerstand; im Nacken ist endlich die Art des Liebeslebens, die Zeugungskraft, Anmut und Schönheit zu erkennen.

Das *Gesicht* zeigt die sinnessinnlichen und physisch imaginären Ausdrucksformen, Bewegungen und Spiegelungen, und zwar bekundet

a) das Auge den Gedanken,
b) die Nase den Charakter,
c) der Mund das Begehren und Erleben,
d) das Kinn den Willen,
e) das Ohr den Adel.

Duft und Haar lassen den ätherischen Zustand, die Strahlung aller chemischen, physikalischen und geistigen Innenwertzustände erkennen.

Auf den weiteren zwei Darstellungen auf Abb. 57 sind die rechte und linke Kopf- und Gesichtsseite zur Darstellung gebracht. Beim Vergleichen wird der verehrte Leser bald finden, dass die beiden Seiten nicht ganz übereinstimmen, sondern vielmehr die rechte Seite mehr die Wehr- und Widerstandsgrundkräfte, die linke aber vorzugsweise die sympathischen Liebes- und Gestaltungstriebe ausprägt.

Betrachten wir nunmehr eingehend die einzeln bezeichneten Regionen, so sehen wir über den Augenbrauen

1. die Auffassung,
2. die Vorstellungskraft,
3. die Denkkräfte,
4. das spekulative philosophische Denken,
5. die Moralphilosophie oder das weise Denken,
6. die Ethik,
7. die Religion.

Seitlich der Auffassung liegt der Schlaf- und immer übereinander folgend der Bau-, Kontrast- und Habsinn, Vervollkommnung, Hilfsbereitschaft, Humanität, Nationalsinn. Von da nach dem Seitenkopf folgen Nachahmung, Hoffnung, Begeisterung und Fortschrittssinn, Vervollkommnung, Vornehmheit, Wissenskraft und Wissenskampf, Massensinn, Eigentumssinn, Tatkraft und über dem Ohr Widersetzlichkeit.

Am Hinterhaupt liegen, beim oberen Hinterkopf beginnend, Festigkeit, Stolz, Gerechtigkeit und Lauterkeit, Wille, Schutzsinn; Tüchtigkeit, Ruhm und Ehre; Verwaltungstalent, Verbundenheit, Generosität und Geschlechtstrieb. Hinter dem Ohr

58 Die Naturelllehre im Zusammenhang mit der neuen Phrenologie und der Grafologie. Die Wurzeln der Naturellentstehung bilden auch einen naturelltypischen Kopf, ein naturelltypisches Gehirn und einen naturelltypischen Schädel. Naturell und Gehirn wiederum sind der Ursprung der Handlungen und der Schrift. Dementsprechend gibt es naturelltypisches Handeln und Schreiben.

kommen noch Lebenszähigkeit, Mut und Widerstand zum Ausdruck.

Wenden wir unsere Aufmerksamkeit dem Gesicht zu, so sehen wir an der Nase Darstellungskraft, ferner beim Auge Sprache in Schrift- und Zeichenausdruck, direkt vor dem Ohr Nahrungssinn, an der Wange Eigengesetzlichkeit, weiter nach unten der Ernährungszustand und Durchsetzungssinn und schließlich Angriffssinn verzeichnet. Am Nasen-Mundzug ist die Herz- und Lebenskraft angeführt.

Wie schon erwähnt, offenbart die linke Seite etwas abweichende Grundkräfte. Auf dieser Abb. 57 sind auch die kleinen Regionen angegeben, Gestalt-, Raum-, Gewichts-, Farben-, Ordnungs-, Zahlen- und Ruhesinn, näher in der Reihe darüber, Gedächtnis-, Rhythmus-, Musik- und Kompositionssinn. Über dem Musiksinn liegt der Sinn für Witz und darüber für Wissensbesitz. Die untere

Reihe gibt also die Sinne der Auffassung, die zweite die der Vorstellung wieder. Als dritte Region ist der praktische Instinkt, als vierte das logische Denken, als fünfte die spekulative Philosophie, als sechste das ethische Denken verzeichnet. Etwas seitlich davon liegt die Herzensgüte, darüber, im Oberhaupt, das Mitgefühl, die soziale Liebe, Allliebe und Idealwesensbegriff, Glaube, Heiligkeit, Hoffnung, Anbetung, Schönheit, Wesensadel, Wissensdrang und Wissensreichtum.

Der Seitenkopf zeigt die Sachen- und Grundbesitzliebe, Erwerbssinn und Geheimsinn, die Arbeitsliebe, Verbesserung. Die linke Hinterhaupthälfte bekundet, wieder vom Oberhaupt aus gerechnet, das Hochgefühl, Gewissen und Selbstbewusstsein, Vorsicht, Unternehmungslust, Selbstgefallen, Gewandtheit, ferner Berufsliebe, Familiensinn, Kinderliebe, Liebesgewissen und Gattentreue, Liebeslust und Fortpflanzungssinn. Hinter dem Ohr erkennt man die Lebenslust, die Jugendliebe und Herzensfrische. Vor dem Ohr ist der Feingeschmack für gewählte Nahrung, am Auge der Sprach- und Redeausdruck, an der Wange die Atmung, an der Nase die Gestaltungsgabe, am Nasen-Mundzug Herz- und Lebensempfinden und Wärme, am stark vortretenden Kinn der Impuls und in der unteren Wangen-Kinnpartie Verdauung und Tat erkennbar.

Man präge sich nun diese Regionen und Areale und ihre psychologische Bewertung ein und man wird durch unausgesetztes Beobachten, Vergleichen und tiefes psychologisches Nachdenken bald ein guter Psychologe und Menschenkenner werden.

XV
Die Gesichtsausdruckskunde

Giovan Battista Della Porta (1535-1615) hat in seinem Buch «De humana physiognomonia» schon im sechzehnten Jahrhundert interessante Veröffentlichungen gemacht über Tier- und Menschengesichter und kam hierbei durch vergleichende Forschungen zu der Erkenntnis, dass Menschen, welche eine nahe oder entfernte Ähnlichkeit in ihren Gesichtsformen mit gewissen Tiergesichtern haben, auch ähnliche Eigenschaften in ihrem Geistesleben äußern.

Dieser Gedanke gab besonders Lamarck und Darwin den Anstoß zu vergleichenden Forschungen zwischen Menschen und Tieren und führte zu der neuen Entwicklungslehre, welche die Abstammung des Menschen vom Tier verkündete, ein Gedanke, der dem frommen Della Porta gänzlich fern lag.

Della Portas Forschungen befruchteten aber besonders die Kunst und das Kunstgewerbe seiner Zeit und haben manchen Künstler und Gelehrten zum Nachdenken angeregt.

Auf Abb. 59 sind sechs solche Tier- und Menschengesichtsstudien zur Darstellung gebracht.

Bei 1 sind ein Mensch und eine Giraffe dargestellt; fraglos

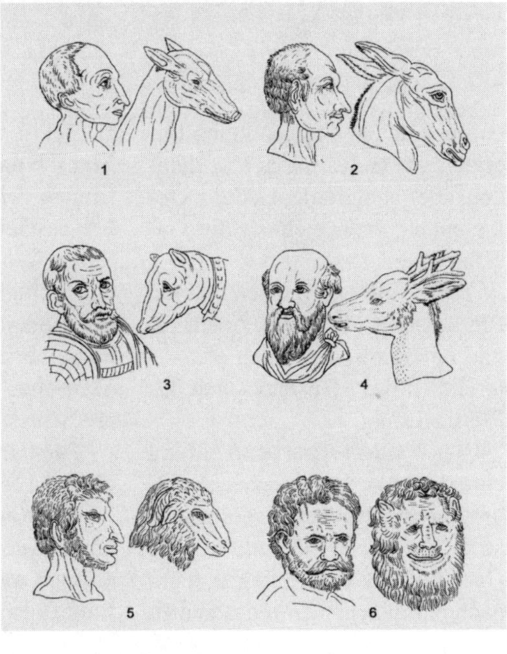

59 Tier-Mensch-Vergleiche von G. Della Porta. 1 Giraffe, 2 Pferd, 3 Dogge, 4 Reh, 5 Widder und 6 Löwe.

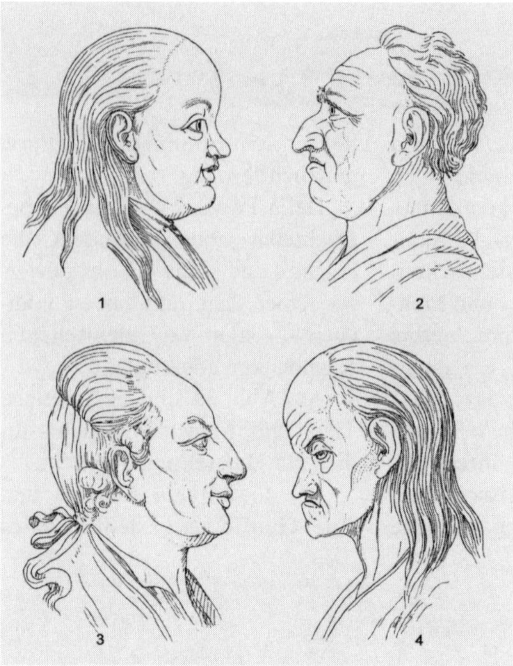

60 Die Auffassung der vier Temperamente vor und zu Lavaters Zeiten (vor 1800).

handeln, charakterisieren beide Köpfe.

4: Friedrich der Weise von Sachsen und ein Reh. Beide Gesichter zeichnet natürliche Naivität, Wohlwollen, Edelsinn und Wahrheitsliebe aus.

Bei 5 sind ein Mensch und ein Widder dargestellt. Große, ausgesprochene Sinnlichkeit und Geschlechtskraft zeichnen beide Gesichter aus.

ist bei solchen Formen keine Energie zum Gewalttätigen vorhanden, aber Neugierde, Geduld, Gelassenheit kennzeichnen die Gesichter beider.

Bei 2 sind ein Mensch und ein Pferd dargestellt. Fleiß, Ausdauer und Zähheit in der Arbeit charakterisieren das Menschen- und das Pferdegesicht.

Bei 3 sind Kaiser Karl V. und eine dänische Dogge zur Darstellung gebracht. Kraft, Grausamkeit, Härte, selbst Heimtücke und Hartnäckigkeit, nach Laune, nicht nach moralischen Grundsätzen zu

Bei 6 sind ein breitköpfiger Mensch und ein Löwe dargestellt, fraglos zeigt der Löwe ein Vollbewusstsein seiner Kraft, auch Stolz, Würde, Willensbestimmtheit, Klugheit und große körperliche Spannkraft und Tatenergie, dasselbe spricht das Gesicht des Menschen aus, der dem Löwen ähnlich sieht.

Fürst Bismarck war eine solche Löwennatur.

Der Radierer, Maler und Bildhauer Max Klinger (1857-1920) erinnert mit seinem Gesicht ebenfalls an eine Löwenenergie.

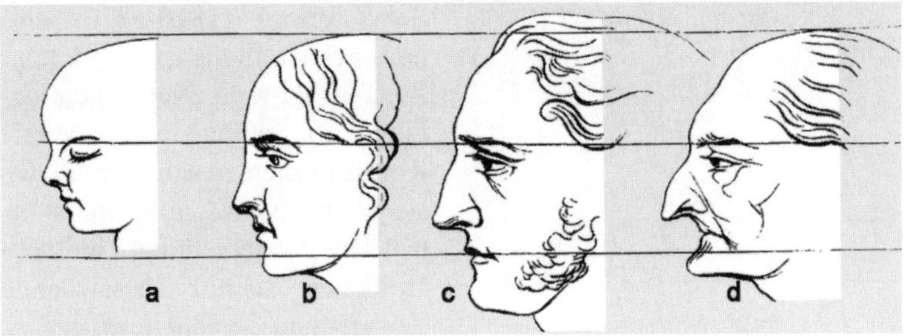

61 Die Lebensalter nach Carl G. Carus.

Wir sehen an diesen Studien, dass in einer gewissen Gesichtsform auch der charakteristische Geist, der den betreffenden Formen entspricht, zum Ausdruck kommt, und immer und immer drängt sich uns die Frage auf, ist es die Form, die den Geist schafft oder ist es der Geist, der die Form schafft? Unabhängig davon, wie diese Frage beantwortet wird: ein Zusammenhang zwischen Geist und Form existiert sicher.

Über diese Tatsache sind sich die strengsten Kirchenlehrer ebenso einig, wie die freidenkendsten Köpfe materialistischer Weltauffassung Lamarck-Darwin-Haeckel'scher Richtung. Nur glaubt man bei der letzteren, der Geist werde durch die Materie und Form gebildet.

Auf Abb. 60 sind vier Köpfe zur Darstellung gebracht, welche aus Lavaters Fragmenten stammen und die vier Temperamente darstellen:

1 das phlegmatische,
2 das cholerische,
3 das sanguinische,
4 das melancholische Temperament.

Lavater hat das Temperament in festen Gesichtsformen zum Ausdruck gebracht. Ich habe es mehr in der Körperbewegung, s. Abb. 31, charakterisiert. Auch diese Formen, Abb. 60, sprechen eine lebhafte Sprache. Sie bilden Gegensätze, die auf große Unterschiede im Geistesleben der vier verschiedenen Persönlichkeiten hinweisen. 2 zeigt Willen, dagegen 1 Willenlosigkeit, 3 Entäußerung alles Innenlebens, 4 Absorbierung alles Außenlebens ins eigene Innere hinein.

Das sind die bleibenden Merkzeichen der vier Temperamente.

Das Alter und die Gesichtsform

Auf Abb. 61 sind vier Gesichter zur Darstellung gebracht, wel-

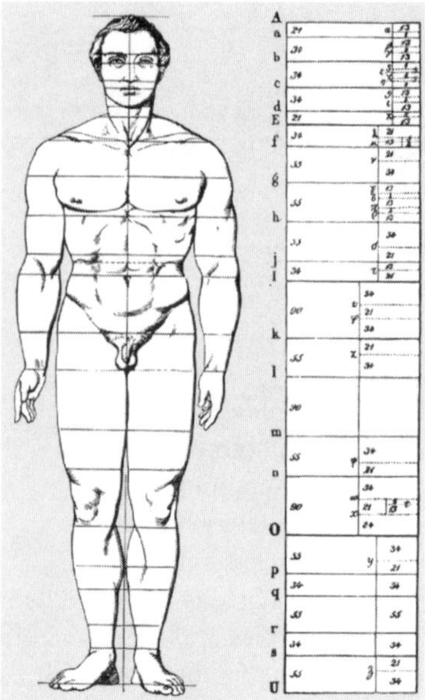

62 Das Schönheitsmaß des Goldenen Schnitts nach A. Zeising.

che die vier Hauptlebensalter veranschaulichen:

a) die Kindheit,
b) die Jugend,
c) das Mannesalter,
d) das Greisenalter.

Die Bilder stammen aus dem Werke «Symbolik der menschlichen Gestalt» (1852) von *Carl Gustav Carus* (1789-1869).

Der Goldene Schnitt

Auf Abb. 62 ist der Körper eines Mannes dargestellt, welcher dem berühmten Werk über den Goldenen Schnitt von *Adolf Zeising* (1810-1876) entnommen ist. In diesem Werk lehrt Zeising, dass die Natur stets dahin strebt, schöne proportionale Körperformen zu schaffen, da wo sie gesund ist; wo sie krank ist, da tritt eine Verschiebung, eine vom Goldenen Schnitt abweichende Körper- und Gesichtsform auf.

Diesen Gedanken griff gegen Ende der neunziger Jahre des 19. Jahrhunderts der in Leipzig wirkende Naturheilkundige *Louis Kuhne* auf und entdeckte, dass es Menschen mit körperlicher Belastung gibt, welche eine hässliche Veränderung in ihren Körper- und auch Gesichtsformen zeigen, die leicht erkannt werden kann. Auf Abb. 63 sind vier solche menschlichen Figuren dargestellt, von welchen die erste die Vorder-, die zweite die Rückenbelastung, die dritte und vierte die Seitenbelastung zeigt. In der Natur gibt sich die Belastung in einer unschönen Schwellung und Gedunsenheit der Formmassen kund.

Gesundheit und Krankheit im Gesichtsausdruck

Dass es eine Krankenphysiognomik gibt, weiß jeder Arzt, nur ist dieselbe viel komplizierter als Louis Kuhne angenommen hat. Dieser Forscher bereicherte wohl die Krankenphysiognomik mit ei-

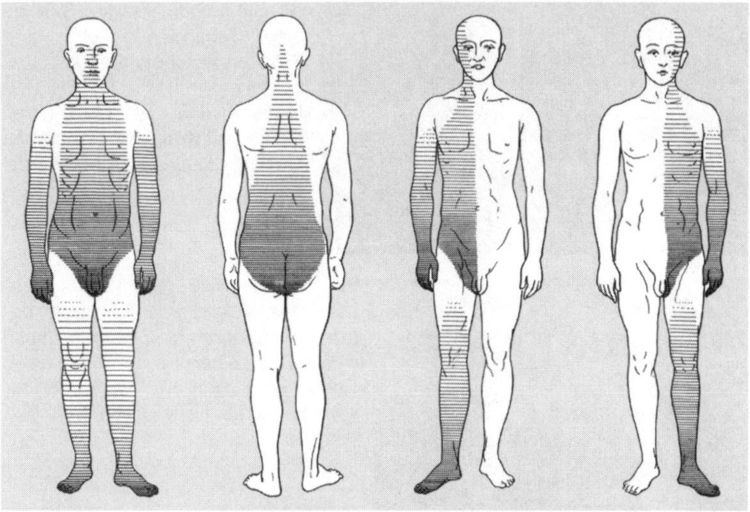

63 Vorder-, Seiten- und Rückenbelastung nach der Körper- und Krankheitsbelastungslehre von Louis Kuhne.

nigen wertvollen Tatsachen über körperliche Belastung, aber er hat keine wissenschaftliche Krankenphysiognomik begründet.

Ich habe in meinem Museum in Leipzig eine besondere Abteilung für Krankenphysiognomik eingerichtet und bringe daraus nachfolgende vier Abbildungen. Auf Abb. 64 ist eine junge Frau in der Vollblüte ihrer Gesundheit, rechts daneben eine ältere Frau, die sehr krank ist, zur Darstellung gebracht. Auf Abb. 65 ist das Bild eines jungen Mannes zweimal gebracht; das erste Bild, links, zeigt denselben sehr leidend, das zweite Bild, rechts, von seiner Krankheit genesen, gesund und wohl.

Da die Krankenphysiognomik sich nicht leicht in Büchern lehren lässt, habe ich Lehrkurse für Interessenten in meinem Museum eingerichtet. Aber schon aus diesen wenigen Studien wird man das Grundsätzliche ersehen können, nämlich dass sich auch Gesundheit und Krankheit im Gesicht ausdrücken und entsprechend erkennbar sind.

Gesichtsausdruck und verbrecherische Veranlagung

Aber nicht nur Gesundheit und Krankheit, auch Tugend und Verbrechen prägt das Gesicht aus. Das war schon eine im Altertum bekannte Tatsache.

64 Studie zur Frage: Gibt es eine Gesundheits- und eine Krankenphysiognomik?

Unzweifelhaft ist Gesundheit (links) und Krankheit (rechts) im Gesichtsausdruck zu erkennen.

65 Krankheitsbild (links) eines Leberleidenden und von Gelbsucht befallenen Fotografen. Gesundheitsbild (rechts) derselben Person nach einer vierwöchentlichen Kur im Sinne der kallisophischen Heilwissenschaft.

Der Turiner *Cesare Lombroso* (1835-1910), ein hervorragender Psychiater, hat in seinem Werk über Kriminalanthropologie wertvolles Material zur Begründung der Verbrecherpsychologie, -anthropologie und -physiognomik zusammengetragen. Er weist nach, dass es einen Verbrechertypus gibt, der sich durch die Feststellung einer Anzahl körperlicher Abnormitäten äußerlich erkennen lässt. Solche Zeichen sind beispielsweise Henkelohren, stark verbildete Ohren, zu hochstehende oder zu hartförmige Ohren, schielender, stechender Blick, zu eckige und zu große Unterkieferknochen, schiefes Gesicht, zu kurze Nase, zu dichtstehende, unruhige Augen, sechszehige Füße und andere Zeichen.

Die Nachprüfung hat ergeben, dass es einen Verbrechertypus tatsächlich gibt und dass es auch eine Verbrecherphysiognomik gibt. Auch hierfür habe ich eine Abteilung in meinem Museum zur Besichtigung eingerichtet. Auf Abb. 68 sind drei solche Köpfe mit den betreffenden Abnormitäten zur Darstellung gebracht.

Auf den Abb. 66 und 68 ist gezeigt, wie die Schönheit das Gesunde in Geist und Körper, die Hässlichkeit, das Ungesunde, Falsche, Unglückliche, Krankhafte und damit den Verbrechertypus erzeugt.

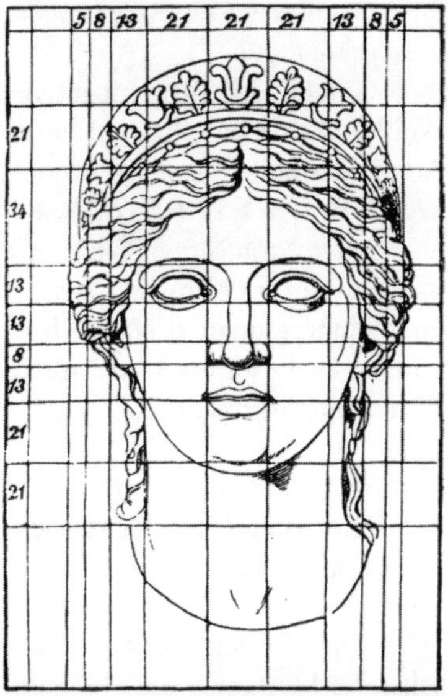

66 Gesundheit durch Vererbung und Entwicklung bildet die Schönheit nach dem goldenen Schnitt.

Die vergleichende Darstellung des Systems Lombroso und meines Systems hat ergeben, dass sich Lombroso mehr auf die Feststellung weniger, abnormer Körperzeichen beschränkt hat, dass hingegen in meinem System auch die psychologische Bedeutung dieser Zeichen angegeben ist und noch viele feinere Zeichen, die Lombroso noch nicht kannte, gefunden und zur Darstellung gebracht wurden, und es insofern auch den praktischen Menschenkenner und Psychologen erheblich mehr befriedigt als das mehr kalt lassende System von Lombroso. In meinem großen illustrierten Lehrwerk «Menschenkenntnis» sind eine Anzahl solcher Verbrechertypen zur Darstellung gebracht und ihre abnormen physiognomischen Zeichen beschrieben. Ich lasse die Beschreibung, wie sie Lombroso mehr auf das Äußerliche gegeben hat und wie ich sie erheblich detaillierter erweitere und psychologisch erkläre, für drei Verbrecher hier noch stichwortartig als Schluss folgen:

67 Ungünstige Erbanlagen und Entwicklung bilden disharmonische Körper-, Kopf- und Gesichtsformen.

Erklärung zu den Verbrechergesichtern; Abb. 68

a. nach der Kriminalanthropologie von Cesare Lombroso:

Lombroso weist nur auf die Tatbestände der Verbrechen einesteils und dann auf anatomische Merkzeichen und Abnormi-

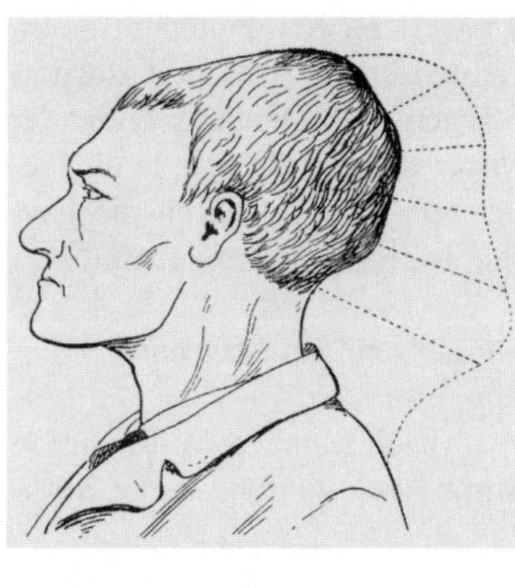

täten des Körpers und Gesichts andernteils hin. Es ist dies der natürliche, allerroheste Anfang der Kriminalanthropologie, in welcher die große Lücke bleibt, zu erklären, was denn eigentlich die einzelnen Merkzeichen psychophysiologisch bedeuten. Nachstehend einige Beispiele, wie Lombroso und wie ich die Verbrecherzeichen erkennen und erklären.

b. nach der Psychophysiognomik:

Was der Lombroso'schen Kriminalanthropologie nicht aufzuklären gelungen ist, nämlich die bestimmte psychologische Deutung der einzelnen anatomischen Abnormitäten und Wahrzeichen notorischer Verbrecher, ist durch die Psychophysiognomik klar erkannt und nachgewiesen. Dadurch wird dem Richter, dem Kriminalogen und Schutzbeamten der Wert der Kriminalanthropologie erst erschlossen und zugänglich gemacht. Die Umsetzung der Kriminalanthropologie in die Gerichtspraxis wird durch die Psychophysiognomik angebahnt.

Mörder und Straßenräuber; Abb. 68.1

a (nach Lombroso): Fliehende Stirn, Henkelohren, starke Stirnfalten, schief geschnitzte Augen, Lemuranhang.

b: Fliehende Stirn: negatives Wohlwollen; Henkelohren: starke Angriffsimpulse zur Gewalttat; Mund deutet auf Entschlossenheit; Auge: grausamer Wille; die großen, harten Wangen-, Kiefer- und Kinnregionen drücken Brutalität, die bestimmte Nasenlinie Willensdurchsetzung aus.

Dieb und Vatermörder; Abb. 68.2

a. Kolossale Kiefer- und Jochbeine, asymmetrisches Gesicht, Stülpnase.

b. Das Gesicht zeigt moralische Verblödung, der Haarfall ins Gesicht deutet auf Trotz und Eigenwillen; das hässliche Ohr: schlechte Gemütsart; die stiere Augenstellung: böse Autosuggestion; der asymmetrische Kiefer: unberechenbare und ungehorsame Impulse und Antriebe.

Wegen Notzucht und Totschlag bestrafter Verbrecher; Abb. 68.3

a. Sehr ausgesprochene Augenbrauenbogen, Kiefer und Lippen massig, Lemuranhang.

b. Auffallend harte Gesichtskonturen deuten auf harten Willen, der sich selbst nicht schmiegt und biegt, sondern der alles außer sich bricht, was sich ihm nicht fügt. Das hochsitzende, breithar-

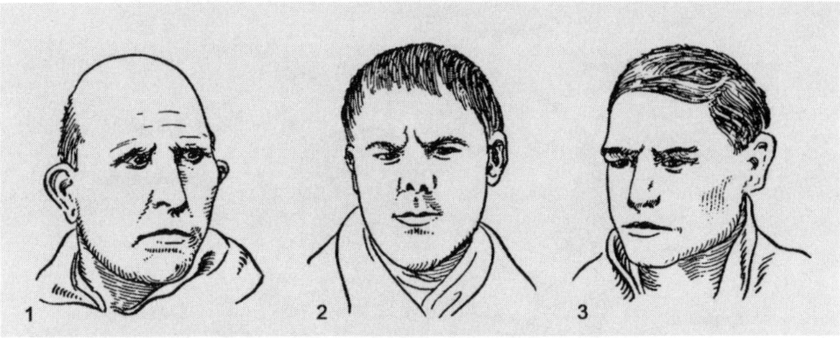

68 Studie zu der Frage: Ist der Verbrecher am Gesicht zu erkennen? Außer dem göttlichen Sinn, die beste Wahrheit, das edelste Gute ständig zu suchen, gibt es auch den gegensätzlichen Sinn hiervon, der darauf ausgeht, stets das Unrechte und Böse zu denken und zu tun. Drei schwere Verbrecher, Mörder, erkenntlich an den verbildeten hässlichen Schädel-, Gesichts-, Nasen- und Kieferknochen, dem unheimlichen, frechen, teils stechenden, teils scheuen Blick.

te Ohr deutet auf geschlechtliche Hemmungslosigkeit. Alle Gesichtsformen zeigen den männlich wolllüstigen Typus. Die über der Nasenwurzel nahe zusammengedrängten Augenbrauen: Anlage zu unbezähmbarer Sinnlichkeit und Zornigkeit. Die Augen deuten auf ordinäre, übelwollende Gesinnung.

Auf Abb. 69 zeigt einen Studienkopf, der über die wichtigsten Schädel-, Gesichts-, Hals- und Schulterknochen orientiert. Auf Abb. 70 ist ein Studienkopf, der uns über die hauptsächlichsten Stirn-, Augen-, Nasen-, Mund-, Wangen-, Hals- und Schultermuskeln Aufschluss gibt, zur Darstellung gebracht.

Es ist wichtig, dass der Physiognom und Psychologe auch stets die groben Unterlagen, das Gerüst kennt, auf und an welchem sich alle seelischen Ausdrucksbewegungen abspielen.

Abb. 71 zeigt die Profilbüste eines Menschen, welche den Zusammenhang des Gehirns mit der Schädelform und dem Gesichtsbau zur Darstellung bringt. Wer nur diesen anatomischen Kopf betrachtet, ohne physiognomisch, phrenologisch und psychologisch geschult zu sein, der wird natürlich nur die einzelnen Körperorgane, nicht aber deren Lebenstätigkeit und Lebenszweck erkennen können, eine ganze Welt trennt ihn von dem geschulten Psychophysiognomen und Psychologen. Es ist nicht einmal

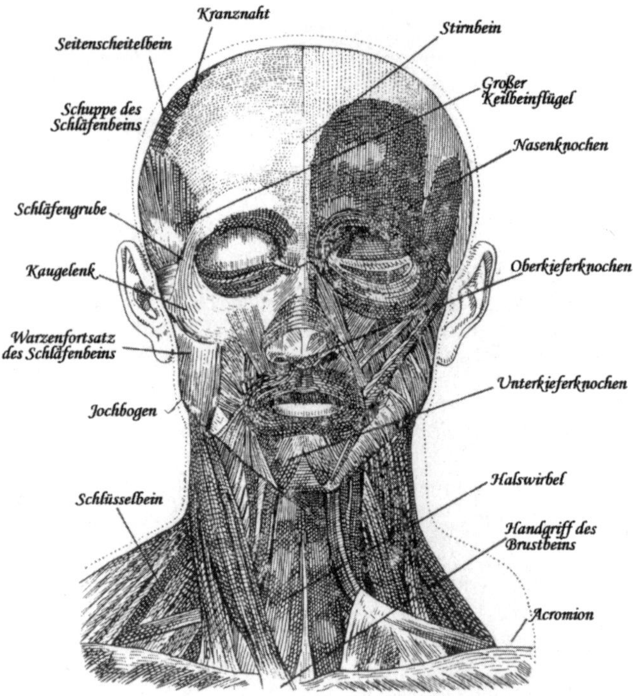

69 Die Lage der hauptsächlichsten Schulter-, Gesichts- und Schädelknochen.

Halbwissen, man kann sagen, es ist eine unbegreifliche Unkenntnis und kaum verzeihliche Unwissenheit, wenn es Anatomen, Physiologen und Ärzte gegeben hat, welche sich mit dem rein anatomischen Wissen begnügten, ohne die biologische und psychophysiologische Bedeutung der Organe einzeln und in ihrem Gesamteindruck, in der Physiognomie zu verstehen und zu würdigen. Diese psychophysiognomische Laienhaftigkeit gebildeter Wissenschaftler muss dringend beseitigt werden, denn ohne psychophysiognomische Lebenserkenntnis gibt es keine lebendige Wissenschaft.

Welche Fülle lebendigen Lebens strahlt jede Zelle, jedes Organ, jeder Körper und jedes Gesicht aus? Ich habe daher einen Gesichtskanon im Profil nach dem anatomischen Kopf gebracht, welcher meine mehr als

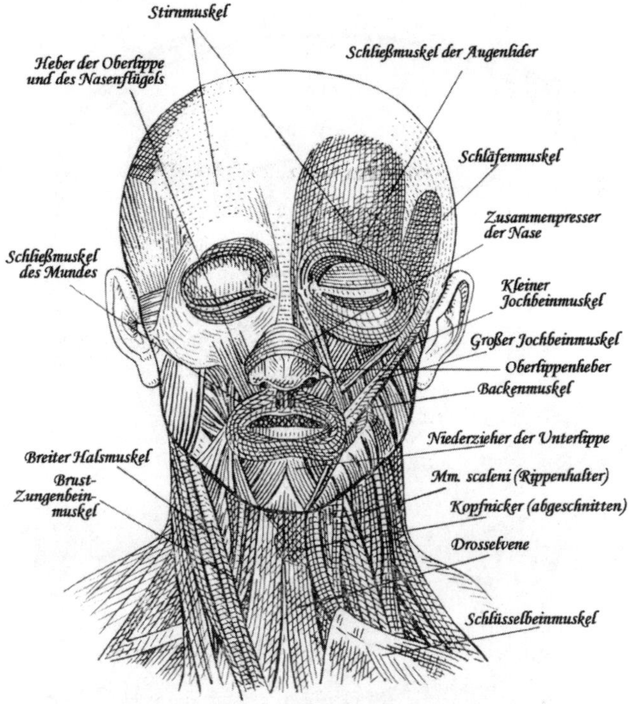

70 Die Lage der hauptsächlichsten Gesichtsmuskeln.

dreißigjährige Forschungsarbeit wiedergibt. Dieser Kopf (siehe Abb. 72) stellt mein System der wissenschaftlichen Psychophysiognomik und anschaulichen Physiologie und Psychologie mit den einzelnen Gesichtsarealen dar und wie diese mit den verschiedenen inneren Körperorganen korrespondieren.

Man studiere diesen Kopf lange, jede Form und jede Erklärung der betreffenden Form. Dann übe man sich im Sehen und Vergleichen zuerst bei sich, dann bei anderen Personen, schließlich auch an guten Fotografien und plastischen Bildwerken, an Gemälden oder Kupferstichen, und hat man dann einige Sicherheit erreicht, dann erst fange man mit praktischen Beurteilungen bei Personen aus dem Leben an. Man wird dabei finden, dass man nach und nach, schrittweise also in diese neue Wissenschaft eindringt und

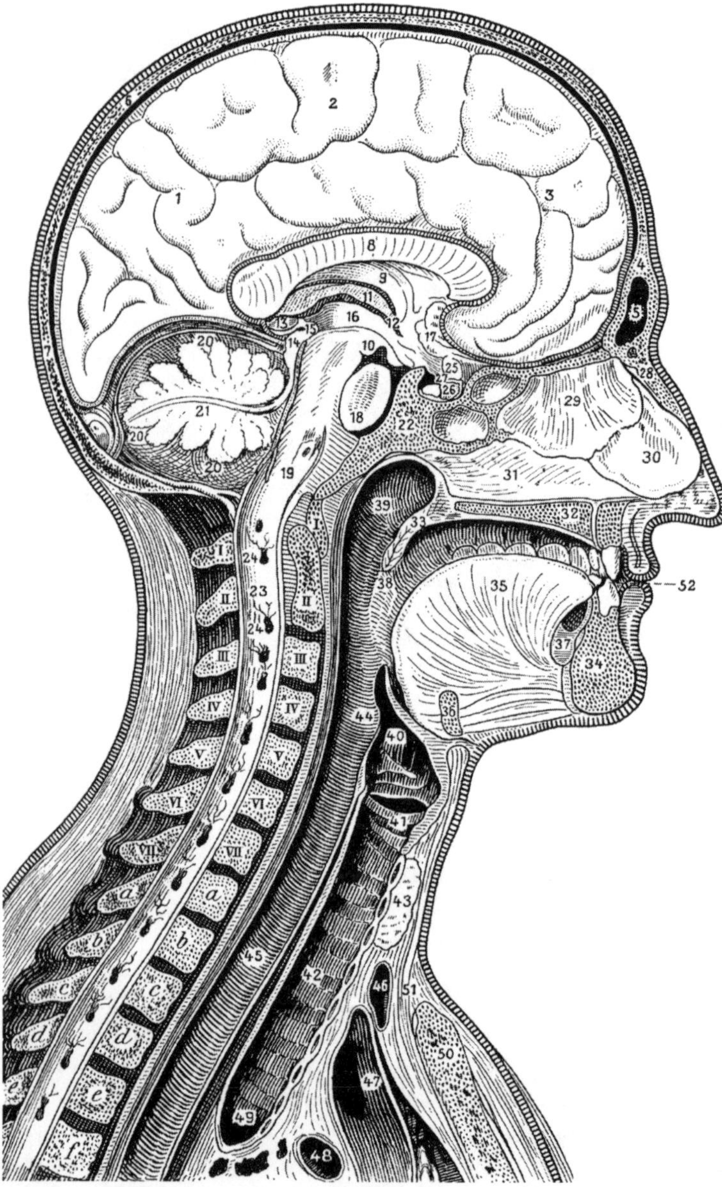
1
2
3
4
5
6
7
8
9
10
11
12
13
14
15
16
17
18
19
20
21
22
23
24
25
26
27
28
29
30
31
32
33
34
35
36
37
38
39
40
41
42
43
44
45
46
47
48
49
50
51
52
I
II
III
IV
V
VI
VII
a
b
c
d
e
f

71 Anatomische Studientafel zum Verständnis der Lage der inneren Organe in Hals, Gesicht und Haupt des Menschen. Die Summe aller inneren Organe und Kräfte bildet Form und Umriss von Hals, Gesicht und Haupt des Menschen.

1 Hinterhauptslappen
2 Scheitellappen
3 Stirnlappen
4 Stirnbein
5 Stirnbeinhöhle
6 Seitenwandbein
7 Hinterhauptbein
8 Balken
9 Gewölbe
10 Markhügel
11 Sehhügel
12 Monroisches Loch
13 Zirbeldrüse
14 Vierhügel
15 Hinterer Verbindungsstrang
16 Mittlerer Verbindungsstrang
17 Vorderer Verbindungsstrang
18 Varolsbrücke
19 Verlängertes Mark
20 Kleinhirn
21 Lebensbaum
22 Keilbein
23 Rückenmarkskanal
24 Öffnung für die Rückenmarksnerven
25 Sehnerv
26 Schleimdrüse
27 Grauer Flügel
28 Nasenbein
29 Senkrechte Siebbeinplatte
30 Nasenscheidewandknorpel
31 Pflugscharbein
32 Harter Gaumen
33 Weicher Gaumen
34 Unterkiefer
35 Zungenmuskel
36 Zungenbein
37 Zungenbändchen
38 Mandel
39 Rachenhöhle
40 Kehldeckel
41 Stimmritze
42 Luftröhre
43 Schilddrüse
44 Schlundkopf
45 Speiseröhre
46 Linke gemeinschaftliche Drosselader
47 Aufsteigende Aorta
48 Rechte Lungenpulsader
49 Linker Luftröhrenast
50 Brustbein
51 Brustbein-Schildknorpel
52 Gebiss
I-VII Halswirbel
a-e Brustwirbel

von Tag zu Tag immer mehr, immer Neues lernt und das wunderbare Wirken der Lebenskraft, die zu uns durch die Form spricht und das Innenleben, die Seele, den Geist und den Charakter offenbart, immer tiefer und weiter erkennt.

Zugleich ist diese Methode der feinsten Beobachtung, welche zugleich auch das Denken und das Empfinden anspannt, das beste persönliche Bildungsmittel, das es gibt.

Aus dieser Erfahrung heraus hat sich schon vor vielen Jahren der Bund Studierender meiner Psychophysiognomik gebildet, welcher dieses System als das vortrefflichste Bildungsmittel zur Erlangung einer praktischen Menschenkenntnis anerkannt hat und zu verbreiten bemüht ist.

Ohne psychologische Körperform-, Kopf- und Gesichtswissenschaft gibt es keine anschauliche Psychologie.

Die Psychologie, welche sich in den Dogmen der Theologie, der Theosophie und des Spiritismus (oder in ideologischen Dogmen) bewegt, hat neben Wahrheiten auch Irrtümer und führt nicht genügend in das Leben ein, wie es sich täglich vor unseren Augen abspielt, es ist eine Psychologie des Abstrakten. Sie soll nicht un-

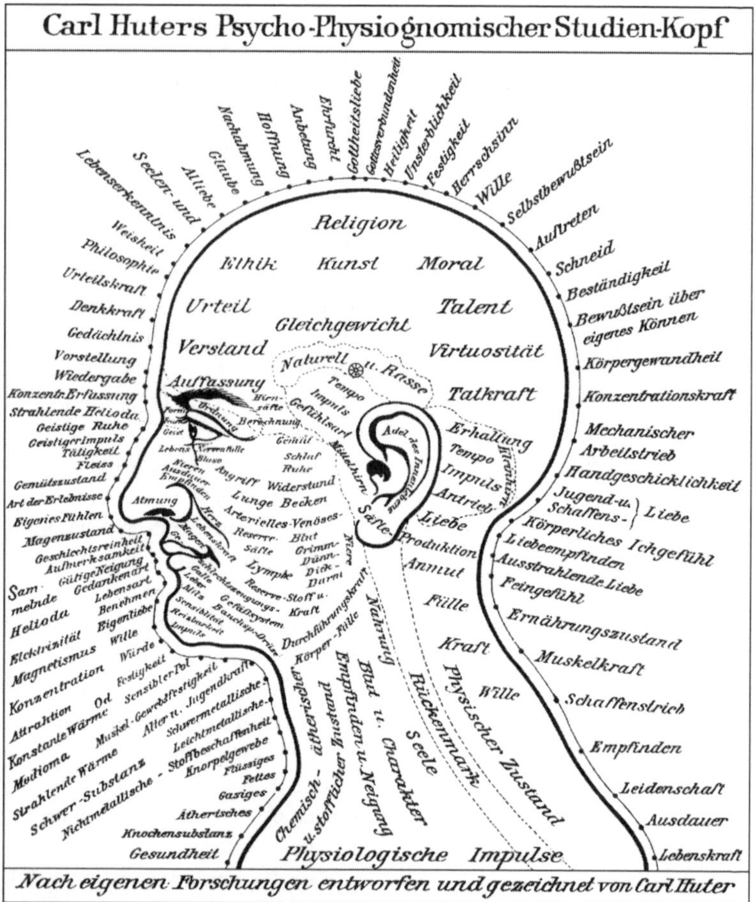

72 Der psychophysiognomische Kanon 1. zur Feststellung von individuellem Charakter, Anlage, Neigung und Seelenkraft, 2. zur Festellung von Naturell, Impuls, Temperament, Lebenskraft, Gesundheitszustand und Krankheitsdisposition, Krankheitsneigung und Krankheitserscheinung, 3. zur Feststellung der Reaktionsfähigkeit auf verschiedene Reize und Heilmittel einzelner Gewebe und Organe wie auch des gesamten Körpers.

terschätzt werden, aber sie muss

XVI
Die Sprache der Augen

Auf Abb. 73 ist das menschliche Auge mit seiner anatomischen und physiologischen Anlage zur Darstellung gebracht.

Das Auge dient zum Sehen, es nimmt daher das Licht in sich auf.

Die Vorgänge dieser Lichtstrahleinwirkungen auf die innere hohle Augenwand sind in den Fig. VI bis IX gebracht.

Das äußere Auge ist in Fig. II, die Iris in Fig. I, II, III und IV zur Darstellung gebracht.

In Fig. V sind der Verlauf der durch die Pupille eindringenden Lichtreize und die Fortleitung der aufgenommenen Bilder durch die Sehnerven bis zur geistigen Sehzentrale im Hinterhaupt zur Darstellung gebracht. Ferner ist der Verlauf der sich von den Sehnerven und der Sehzentrale aus abzweigenden Reflexbewegungen dieser Gesichtsbilder auf das übrige Groß-, Klein- und Mittelhirn bis zu allen inneren und äußeren Körperorganen veranschaulicht.

Eine meiner wichtigsten Entdeckungen ist der Nachweis dieses Vorganges und dass die eingedrungenen Lichtreize chemische Veränderungen in den Zellen hervorrufen und dass die eigenen Lebenslichtzentren der Zellen (Zentrosomen) eine Zurückstrahlung mit den geistigen, chemischen und mediomischen Emanationselementen bewirken, wodurch diese an den sympathischen Leitungsnerven zurückflutend, in den Augensternen (Iris) zum Ausdruck kommen.

Liebe, Hass, Gesundheit und Krankheit, Glück und Leid sind im Auge zu erkennen.

Nur durch diesen Vorgang erklärt es sich, dass die inneren und äußeren Erkrankungen und Verletzungen der Organe in gewissen Zeichen der Regenbogenhaut, der Iris, zum Vorschein kommen.

Das Auge und die Iris stehen also nicht allein mit den Sehnerven, sondern auch mit dem sympathischen und motorischen Nervensystem und dadurch mit allen inneren und äußeren Körperorganen in Verbindung. Daher ist auch *das Auge* mit Recht nicht allein als der *Spiegel der Seele*, sondern auch als der *Spiegel des Körpers* zu betrachten. Die Feststellung der Krankheiten und Verletzungen aus der Iris der Augen bildet eine ganze Wissenschaft für sich,

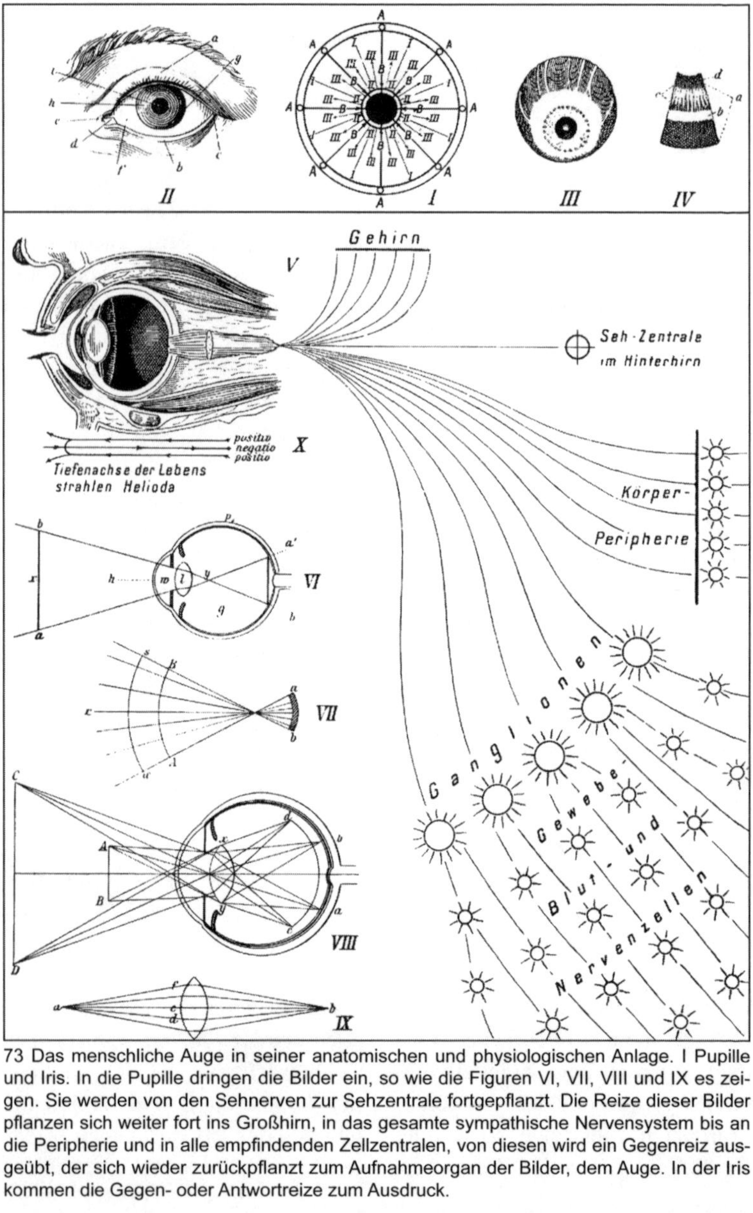

73 Das menschliche Auge in seiner anatomischen und physiologischen Anlage. I Pupille und Iris. In die Pupille dringen die Bilder ein, so wie die Figuren VI, VII, VIII und IX es zeigen. Sie werden von den Sehnerven zur Sehzentrale fortgepflanzt. Die Reize dieser Bilder pflanzen sich weiter fort ins Großhirn, in das gesamte sympathische Nervensystem bis an die Peripherie und in alle empfindenden Zellzentralen, von diesen wird ein Gegenreiz ausgeübt, der sich wieder zurückpflanzt zum Aufnahmeorgan der Bilder, dem Auge. In der Iris kommen die Gegen- oder Antwortreize zum Ausdruck.

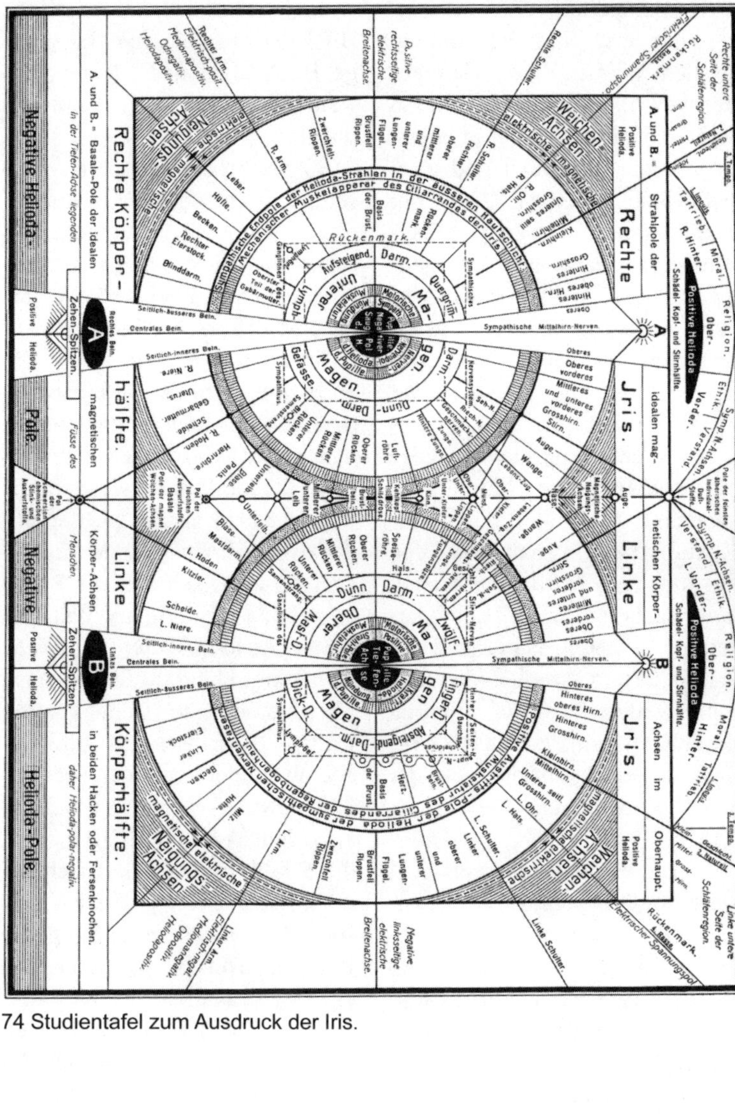

74 Studientafel zum Ausdruck der Iris.

da sie aber mehr die Fachleute interessiert und ihre Behandlung hier den Rahmen dieses Handbuches weit überschreiten würde, so werde ich dieses Gebiet in einem besonderen Handbuch und ganz ausführlich in einem Atlas der Augendiagnose speziell behandeln. Bisher habe ich die Grundregeln dieser neuen Iriswissenschaft in Bezug auf die Feststellung von Krankheiten und Verletzungen aus den Zeichen der Iris in meinem großen Lehrwerke «Menschenkenntnis»[34] zwecks guter Orientierung hinreichend behandelt.

Auf Abb. 74 habe ich den von mir veröffentlichten Kanon der Irisausdruckskunde zur Darstellung gebracht. Näheres wolle man im Originalwerk studieren.[34]

Im weiteren will ich mich an dieser Stelle auf die Charakterologie des geistigen Ausdrucks der Augen beschränken.

Abb. 75 zeigt

1. den charakteristischen Ausdruck des beobachtenden Auges,

2. den Ausdruck bei der lebhaften Vorstellung gesehener Bilder und Begebenheiten, besonders aber auch der gehörten Tonbilder, der Musik, des Gesanges und der Sprachlaute.

In 3 ist der charakteristische Blick des Denkers, in 4 der strenge Blick etwa des Juristen, des Kaufherrn oder des Feldherrn wiedergegeben.

In 5 gibt sich der philosophische, in 6 der weise Blick kund.

Im Vergleich zu 1, dem forschenden Blick, ist der vorstellende Blick dadurch verschieden, dass beim forschenden und beobachtenden Blick die ganze Energie aufgewendet wird, die Außenbilder in sich aufzunehmen, daher wird vom Auge nicht vielmehr als die Pupille sichtbar, die Pupille allein genügt ja, die Bilder aufzunehmen. Die ganze Sehenergie sucht sich auf die Pupille zu konzentrieren, und daher ist dieser Ausdruck der natürliche physiologische und daher auch physiognomische. Beim vorstellenden Blick strahlen die Gedächtnisbilder von innen nach außen, gewöhnlich zum Einfallstor, also dem Auge, wieder zurück, die Strahlung verbreitet sich gewöhnlich über die ganze Iris, und so erklärt es sich, dass die ganze Iris zum Vorschein kommt, wie es das charakteristische Auge des Redners, Dichters und Schriftstellers uns zeigt. Der Ausdruck des juristischen oder herrschenden

34 Carl Huter: Menschenkenntnis durch Körper-, Lebens-, Seelen- und Gesichtsausdruckskunde, 5 Bände, 1904-1906, Neuauflage 1992, Carl-Huter-Verlag Zürich.

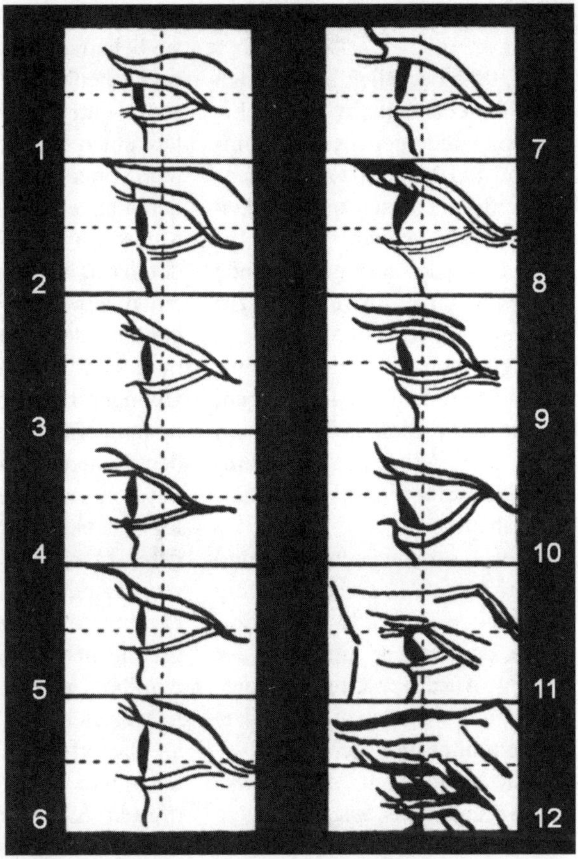

75 Die Physiognomik der Augen.

und strengen Blickes zeigt einen kürzeren und stumpferen Winkel, der des philosophischen und des weisen Blickes einen spitzeren und längeren Winkel.

Bei 7 ist der ethische Blick zur Darstellung gebracht. Das obere Augenlid legt sich harmonisch und allseitig wohltuend über den in Ruhe nach oben gerichteten Augapfel. Wer immer das Edle und Gute will, der erhält diesen edlen ethischen Blick. Ich studierte ihn bei allen ethisch hochstehenden Menschen.

Der Blick des stark religiösen Menschen ist in 8 wiedergegeben. Es ist der Blick der Ergebung, des Glaubens an die Gottheit und der vollen Hingebung an die Allmacht mit ganzer Seele.

In 9 ist der Blick der sinnlichen Liebe zur Darstellung gebracht. Es ist der Blick der Wolllust, der Lüsternheit, der inneren geschlechtlichen Erregbarkeit oder Erregtheit. Er ist von allem Hohen abgelenkt und auf das momentan starke Gefühlsleben bei sich und einer anderen Person gerichtet.

In 10 ist der Blick bei der sich ganz hingebenden physischen Ernährung wiedergegeben; man findet ihn bei starken Genussmenschen, die im Essen und Trinken ihre Seligkeit suchen.

In 11 ist der zornige, wütende und zugleich ordinäre Blick zur Darstellung gebracht.

In 12 ist der Blick des unheimlichen Menschen wiedergegeben, der ein wahnsinniges Verbrechen plant oder bei dem sich Wahnsinn und Gefährlichkeit eingefunden haben.

Diese Augenausdrucks- und Blickrichtungen sind unzählig verschieden, sie alle wiederzugeben, dazu würde ein Atlas, der 20’000 Ausdrucksarten wiedergäbe, nicht ausreichen. Aber darauf kommt es hier nicht an.

Alle Feinheiten des Denk- und Seelenlebens aus dem Auge zu erforschen, wird stets nur die Spezialarbeit weniger gottbegnadeter Meister bleiben.

Die Hauptsache ist, dass man die Grundrichtung des momentanen Charakterzustandes aus den Augen erkennt, und dazu sind diese zwölf Elementarstudien von grundsätzlicher Bedeutung. Wer sie beherrscht, ist schon ein guter Menschenkenner geworden, der einen guten von einem schlechten, einen beobachtenden von einem vorstellenden, einen denkenden von einem genusssüchtigen Menschen bald sicher unterscheiden lernt, und das bedeutet schon einen gewaltigen Vorsprung gegenüber dem, der das nicht vermag. Durch diese grundlegenden Übungen mit dem Wenigen werde man erst sicher, bevor man zu den feineren und schwierigeren physiognomischen und psychologischen Beurteilungen übergeht. Man betrachte daher dieses Handbuch gewissermaßen als eine Fibel, die in die Anfangsgründe dieser neuen Wissenschaft einführen soll. Wer darin Sicherheit erreicht hat, der mache sich an das große Lehr- und Lesebuch, wie ich es in meinem illustrierten Atlaswerke «Menschenkenntnis»[35] geschaffen habe, es ist mehr als ein Studienwerk, es bildet ein neues Evangelium über die natürliche Offenbarung des organischen Lebens in allen Formen der Natur und insbesondere über den Menschen.

35 Carl Huter: Menschenkenntnis durch Körper-, Lebens-, Seelen- und Gesichtsausdruckskunde, 5 Bände, 1904-1906, Neuauflage 1992, Carl-Huter-Verlag Zürich.

XVII Physiognomische und psychologische Studien über Stirn, Nase, Mund, Kinn und Ohren und über die Gesichtszüge

Stirn, Nase, Kinn und Ohren sind typische Merkzeichen des Menschen.

Die ersten drei sind die festen Grundbestandteile des menschlichen Antlitzes.

Die *Nase* steht mit Mittel- und Großhirn, das Kinn mehr mit dem Kleinhirn im Zusammenhang.

Die Nase ist bei keinem Tier hervortretend. Tiere haben nur Nasenlöcher mit geringen Erhöhungen, aber keine Nasen mit so charakteristisch hervortretenden Nasenformen, wie sie der Mensch hat.

Die frühen Menschen zeigen eine flache, tierähnliche Nasenform, etwas weiter entwickelte Völker haben mehr hervorstehende Nasenformen, noch weiter entwickelte Völker zeichnen sich durch sehr große Nasen aus. Diese einfache Tatsache lässt den Schluss zu, dass die Nase im Zusammenhang mit der Großhirnentwicklung und -tätigkeit steht.

Großnasige Menschen haben in der Regel mehr Stetigkeit in der Körper- und Geistesenergie, sind planmäßiger, impulsiver und durchführfähiger in dem, was sie sich vorgenommen haben. Die große Nase ist Ausdruck von Verstand, Planmäßigkeit und Tatkraft, die kleine, flache Nase von Laune, Unberechenbarkeit und Mangel an Zuverlässigkeit in der Durchführung selbstständiger energischer Handlungen.

Die lange gerade, stark hervortretende, schön gebildete Nase, wie sie *den alten Griechen* eigen war, ist darin charakteristisch, dass sie unter dem Stirnansatz keine Vertiefung zeigt, sondern der Nasenwurzelknochen pflanzt sich unmittelbar von der Stirn geradlinig nach unten fort. Dies ist ein Zeichen von schneller und vortrefflicher Auffassung, besonders der Formen, und bei der Länge und dem starken Hervortreten der Nase auch zugleich Ausdruck von guter Denk- und Darstellungsgabe sowie eines starken ästhetischen Gefühls. Alle vier Charaktereigenschaften haben die alten Griechen in hervorragendem Maße besessen. Die Erfahrung hat gelehrt, dass auch Nichtgriechen mit einer griechischen Nase die oben bezeichneten Eigenschaften besitzen.

Menschen mit *der römischen Nase,* welche einen stark hervortretenden Höcker zeigt und daher an die Adlernase erinnert, haben Angriffslust, großen Unternehmungs- und Durchführungsgeist. Sie wollen unbedingt herrschen und befehlen. Sie drängen sich vor, sind sehr aktiv und wissen sich Geltung zu verschaffen. Sich unterzuordnen fällt ihnen schwer, wenn sie es tun, dann mit Vorrangrechten vor noch anderen, deren Vorgesetzte sie sein wollen. Der alte Adel, der sich meist durch solche Nasen auszeichnete, diente dem König, weil der ihm Herren- und Vorrangrechte über das Volk gewährte.

Menschen mit *kleinen Nasen* lassen sich beherrschen, ihnen fällt das Herrschen schwer, es ist ihnen eine Last, die sie gern andern übertragen.

Menschen mit *großen Nasen* sind sehr eingenommen von sich selbst, sie haben starke Persönlichkeitskraft, sie repräsentieren gut und führen Vertrauensaufträge gern durch.

Menschen mit großen Nasen sind nicht immer große Geister, ja, im Feinempfinden sind ihnen die Menschen mit der mittellangen, feingeformten Nase weit überlegen. *Die psychische Nase* ist nicht die große, harte, knochige Nase. Daher sind die größten Psychologen, Künstler, Ethiker, religiösen Pfadfinder und Philosophen die größtstirnigen, aber nicht die größtnasigen, vielmehr die feinstnasigen Menschen gewesen.

Dagegen waren alle großen Tatnaturen physischer Tätigkeitsrichtung großnasige Menschen.

Im untersten Teil der Nase prägt sich das physische Leben aus, und zwar an den Nasenflügeln die Atmung, an der Nasenspitze die Verdauung, an den Nasenlöcherregionen das Geschlechtsleben, an den beiderseitigen Zügen, von der Nase zum Mundwinkel die Herztätigkeit und, unmittelbar über diesem physischen Teil, am Übergang vom knöchernen zum fleischigen unteren Teil, Menschen, die kräftig und tief ein- und ausatmen. Lungenstarke Menschen haben breite, kräftige Nasenflügel. Die, welche viel essen und trinken, haben eine kräftige Nasenspitze. «Man sieht's ihm an der Nasenspitze an», sagt der Volksmund mit Recht.

Die *Nase* offenbart uns den Charakter, die geistige Impulskraft und Eigenart, *der Mund* den

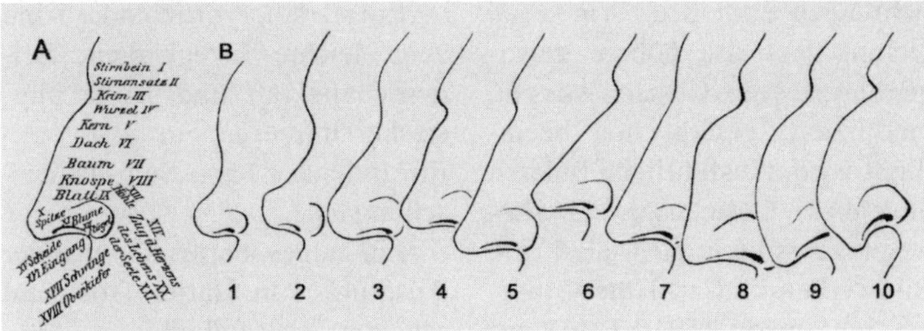

76 Studie zur Physiognomik der Nase. A psychophysiognomische Einteilung der Einzelteile der Nase. B zehn Nasentypen. 1 Kindernase, 2 slawische, 3 ungarische, 4 deutsche, 5 englische Nase, 6 Gelehrtennase, 7 griechische Nase, 8 römische, 9 arabisch-maurische, 10 hebräisch-jüdische Nase. 1 bis 3 unentwickelte, 8 bis 10 überentwickelte Nasen. Die ungarische Nase (3) deutet auf ein nahe zur Reife gekommenes jugendliches Volk mit großer Zukunft. 8, die römische Nase, deutet auf ein großes Volk mit Weltmachtstellung und einer seltenen großen Vergangenheit. 9 und 10 deuten auf alte Kulturvölker. Nasen wie 1 und 2 sind bei Völkern anzutreffen, die noch eine lange Zeit der Entwicklung vor sich haben. (Um 1910 waren in den bezeichneten Völkern diese Nasenformen besonders häufig, aber bei weitem nicht ausschließlich, anzutreffen. Immerhin brachte die Nasenform etwas, was man allgemein für die bezeichneten Völker als typisch empfand, zum Ausdruck. Damit, dass in einzelnen Fällen eben diese typische Nasenform zur Diffamierung und Verfolgung verwendet wurde, hat die Huter'sche Psychophysiognomik nichts zu tun. Die Huter'sche Psychophysiognomik führt nicht zur Diffamierung, Diskriminierung und Verfolgung von Menschen, sondern zum Verständnis und zur Würdigung derselben. Es sind gerade umgekehrt das fehlende Verständnis und die fehlende korrekte Würdigung, die zu Diskriminierungen führen.)

momentanen Denk- und Gemütszustand.

Menschen mit stark vorstehender Oberlippe sind aufmerksam und wohlwollend, solche mit stark vortretender Unterlippe und wenn diese sich über die Oberlippe legt, voreingenommen, oft abstoßend und übelwollend.

Die heraufgezogenen Mundwinkel deuten auf einen fröhlichen Sinn, die heruntergezogenen auf Kummer und üble Erlebnisse.

Die beiderseits zurückgekniffenen Mundwinkel deuten auf Eigensinn und Lust an verbrecherischen Quälereien. Die nach unten gewaltsam heruntergezogenen Mundwinkel lassen auf schlechtes Vorhaben oder auch auf Hass und Ärger schließen. Die ganzen Gemüts- und Seelenstimmungen lassen sich in diese fünf Grundrichtungen einreihen. Wir sehen hieran, dass das höhere geistige Leben vom Geschmackssinn modifiziert, gefärbt und beeinflusst wird. Ausführliche Studien über diese Gesichtsausdrucksbewegungen sind in mehr als 1'500 Bildwerken im Carl Huter-Museum in Leipzig (1910-1911) zugänglich gemacht.

Wie die vortretende Nase, so ist auch das vortretende *Kinn* ein typisches Zeichen des menschlichen Antlitzes.

Sind die Längen der Stirn, der Nase und der Oberkiefer-Mund-Kinnpartie gleich, so haben wir den normalen Menschen vor uns.

Ist die Nase und das mittlere Gesicht länger als die Stirn und als die Mund-Kinnpartie, so haben wir das Darstellungstalent vor uns.

Ist die Oberkiefer-Mund-Kinnpartie länger als die Nasen- und Stirnlänge, so haben wir den harten, rohen physischen Genuss- und Arbeitsmenschen mit starken tierischen Leidenschaften und niederen Instinkten vor uns. Viele Verbrecher haben diese abnormen Gesichtsverhältnisse.

Ist die Stirn länger als die Nase, die Nase länger als die Oberkiefer-Mund-Kinnpartie, so haben wir den höheren Geistesmenschen vor uns.

Ein stark hervortretendes Kinn zeigt leichte Erregbarkeit, Leidenschaftskraft und starke physische Impulse, ein stark zurücktretendes Kinn Selbstbeherrschung an.

Ein langes, hartes Kinn ist der Ausdruck von Härte, Trotz und oft auch Grausamkeit.

Der rechtsseitig aktiv heruntergezogene *Mundwinkel* zeigt Neid und Missgunst, der linksseitig aktiv hochgezogene Mundwinkel Hohn, beim Lachen nach unten gezogene Mundwinkel, wie es das Faun- und Schalkgesicht zeigt, zeigen Spott an.

Die *Mundwinkel* zeigen beim typischen Spötter nicht den normalen Zusammenschluss der Lippen, sondern eine ovale Öffnung einerseits oder beiderseits in den Mundwinkeln. Neid, Spott, Hohn sind schlechte Eigenschaften, die nichts Gutes bewirken. Das Gegenteil davon ist Wohlwollen, Frohsinn, Güte, die letzteren Eigenschaften geben ein inneres Glück und verbreiten Glück auf andere. Sie zu üben ist eine Kunst, eben die edle Lebenskunst, die zu erstreben sich jeder ernstlich bemühen muss.

Menschen mit leichtgeöffnetem Mund sind zugänglich, mit gekniffenen Lippen verschlossen und unnahbar, mit fleischigen

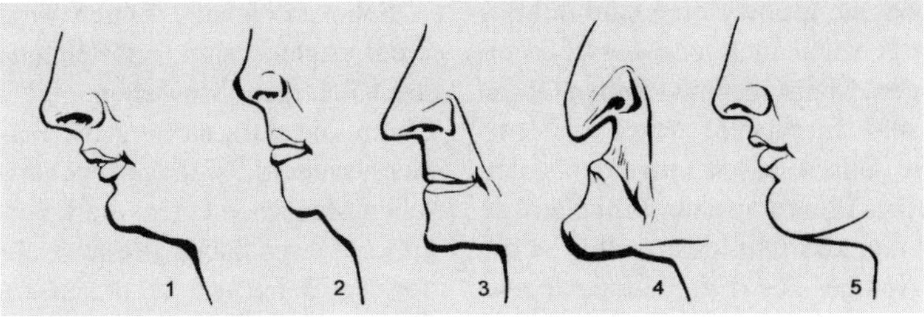

77 Studie zur Physiognomik der Nase, des Mundes und des Kinnes. 1 Idealmensch (d. h. idealen Werten zugetaner Mensch), 2 Typus der geistigen Unreife und 3 des harten Daseinskampfes und der geistigen Nüchternheit (elementare Menschheit). 4 Böses sinnender, fühlender, wollender und durchführender Mensch (Mephistotypus). 5 Typus edler jugendlicher Kraft, welche trotz aller verbreiteter Stupidität und pessimistischer Indifferenz, auch trotz der stets Böses stiftenden Mephistonatur, kraftvolle (siehe starkes Kinn und Unterlippe) alles Schlechte und alle Hindernisse siegreich überwindet durch den inneren Adel (siehe Nase) und den Glauben an das Gute (siehe die Herrschaft der Oberlippe über die Unterlippe). Diese edle, schöpferische Jugend (5) welche die Natur immer neu schafft, folgt trotz allen Widerständen (2, 3, 4) dem Ideal-, dem Weisheitsmenschen (1) nach. Dadurch ist die geistige Fortentwicklung der Menschheit gesichert.

Lippen genussüchtig, mit schmalen Lippen nüchtern und fleißig.

Ich unterscheide noch den forschenden, den süßen, den sauren, den bitteren, den ekelnden und den prüfenden Mundzug.

Diese fünf Grundrichtungen in der Mundmimik kann niemand verleugnen, sie verraten den Gedanken, das Empfinden und das Erleben eines Menschen.

Zu beachten ist ferner noch: ein langes hartes Kinn deutet auf Starrsinn und Unnachgiebigkeit, ein kleines kurzes, auf Wankelmut oder Schwäche im Nachgeben hin.

Ein breites, eckiges Kinn zeigt Härte und Durchführungskraft, ist es stark hervortretend, auch rücksichtslosen Egoismus an.

Ein rundes Kinn deutet auf Schönheitsliebe und Geschmack, ein spitzes, stark vortretendes Kinn auf Nörgelei und Kritiklust und auf einen Menschen, der schwer oder nie zufriedenzustellen ist; der französische Satiriker Voltaire (1694-1778) hatte ein solches, sehr vortretendes spitzes Kinn.

Ein volles, starkes Kinn deutet gute Körper- und Geisteskraft an.

Die Formen der *Ohren* sind nicht minder von Bedeutung.

Lange, große Ohren sind tatkräftigen und mutigen Menschen eigen. Menschen mit kleinen Ohren sind furchtsam; schön geformte Ohren lassen auf einen guten Tonauffassungssinn schließen. Je edler das Ohr, desto edler ist die Anlage des Empfindungslebens eines Menschen.

Sehr anliegende Ohren sind friedfertigen, stark abstehende streitsüchtigen Menschen eigen. Ohren, die stark an tierische Formen erinnern, sind verbrecherischen Menschen eigen. Stark verbildete Ohren haben alle stark abnormen Menschen. Schönheit des Ohres zeigt den Adel der Seele an.

XVIII
Die Hände und ihr Formausdruck

Vielfach bin ich gefragt worden, ob auch die Hände eine Bedeutung hätten für den psychologischen Forscher. Ich habe das stets bejahend beantwortet. Der berühmte Leibarzt des Königs Johann von Sachsen, *Carl G. Carus* (1789-1869), hat über Hände in seinem Werk «Symbolik der menschlichen Gestalt» (1852) recht beachtenswerte Studien veröffentlicht. Ich will meine eigenen Erfahrungen auf diesem Gebiet zurückhalten und diese Autorität sprechen lassen, um nicht zu guter Letzt in den Schein zu kommen, die Handlesekunst, über die ich hier noch etwas bringe, könnte meine übrigen wissenschaftlichen Forschungen in der Psychophysiognomik abschwächen. Ich will daher diesem weltberühmten Arzt und Psychophysiologen zuerst das Wort erteilen, einem Mann, der seiner Zeit der Präsident der Akademie der Wissenschaften war. Gegenüber den Ausführungen dieses Mannes wird wohl der Einwand schweigen müssen, nämlich dass die Formen und die Physiognomie der Hände nicht psychologisch verwertbar seien.

Carus schreibt wörtlich: «Die Hand, mit diesem Wort eröffnen wir eins der merkwürdigsten Kapitel der ganzen Symbolik der menschlichen Gestalt, denn in diesem wunderbaren Glied ruht ein solcher architektonischer Tiefsinn, seine Entwicklung gewährt eine solche merkwürdige Geschichte, sein Einfluss auf Erhebung der menschlichen Seele zur Vollendung des Geistes ist ein so ungeheurer, dass es nicht nur dem Forscher von jeher reichlich zu denken gegeben und dass sein besonderer Einfluss auf alle Kultur der Menschheit nicht nur ein inkommensurabler genannt werden muss, sondern dass es noch, abgesehen von seiner besonderen Bedeutung für die Eigentümlichkeit der Person, längst schon in seiner abstrakten Form ein eigenes Symbol für religiöses und öffentliches Volksleben geworden ist.»

Die Hand 1 ist die des Kaisers Nikolaus von Russland, die Hand 2 ist von Dr. Martin Luther.

Die Hand 3 ist die männlich sensible Hand des feinfühlenden, schaffenden Künstlers. Darunter, in der zweiten Reihe, ist die ele-

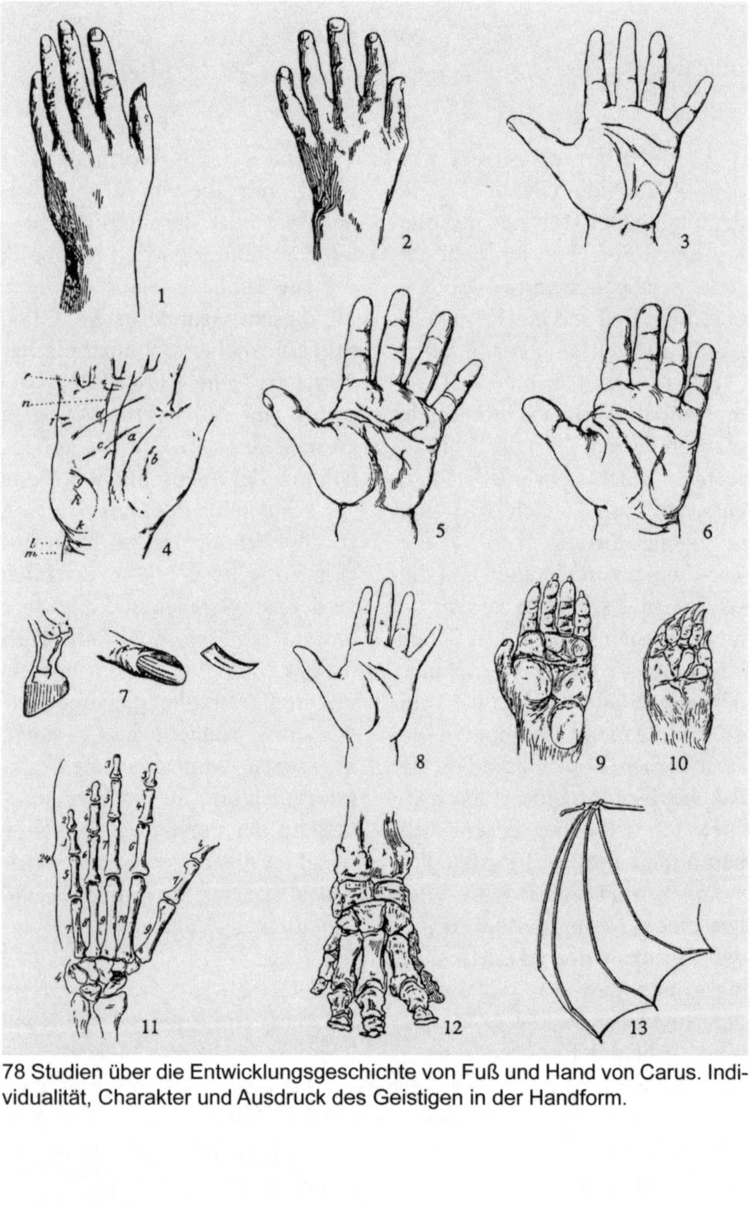

78 Studien über die Entwicklungsgeschichte von Fuß und Hand von Carus. Individualität, Charakter und Ausdruck des Geistigen in der Handform.

mentare Hand (6) eines praktischen Erwerbsmenschen dargestellt, in der Mitte daneben die motorische Hand des Tatmenschen (5), des Offiziers. Daneben (4) ist die innere Handfläche mit den hauptsächlichsten Handlinien dargestellt. In a) ist die Lebenslinie, in b) die Marslinie, in c) die Kopflinie, d) die Darmlinie, e) der Venusgürtel, f) die Glückslinie, g) die Magenlinie, h) die Milchstrasse, i) die Heiratslinie, k), l), m) Kasketa, Kestricta und Diskriminalis, n) die Ehrenlinie.

Über die Deutung dieser Linien spricht sich Carus nicht näher aus, hält sie aber wohl für wissenschaftlich möglich.

In der Mitte der dritten Reihe (8) ist die psychische Hand zur Darstellung gebracht.

In Fig. 7 ist der Fuß des Einhufers, daneben der Fingernagel, wie er Menschen und Affen eigen ist, daneben ist die Kralle eines Raubtieres dargestellt.

An der anderen Seite der psychischen Hand sind die Füße von Sohlengehern, des Waschbären und des Affen wiedergegeben (9 und 10).

Links unten (11) sind die Proportionsverhältnisse der Handknochen zur Darstellung gebracht, daneben ist in der Mitte (12) ein Elefantenvorderfußknochenbau dargestellt und daneben unten rechts (13) die Hand einer Fledermaus.

In allen diesen Formen sehen wir zweckmäßiges, geistiges, bewusstes Leben walten.

Der Seher sieht daraus den Geist, der Zyniker nur totes Gebein.

XIX
Psychophysiognomische Kopfstudien und eine psychologische Betrachtung über Stil, Manier und Bekleidung

Um zu zeigen, wie man es anfangen muss, aus den verschiedenen Köpfen deren Grundcharakter zu ermitteln, habe ich auf Abb. 79 acht Kopfstudien veröffentlicht. Man vergleiche nach den phrenologischen Studienbildern Abb. 56 und 57 diese Kopfstudien und man wird sich über die jeweilige Deutung klar werden. So soll man es machen: erst von den gröbsten und rohesten Grundformen ausgehen und darin zunächst Sicherheit erlangen, um erst dann die feineren Einzelheiten zu studieren suchen.

Die Symbolik der Formen studiere man an den zehn Kopfbedeckungen auf Abb. 80. Wir lernen daraus: Wie der Mensch ist, so schafft er sich seinen Stil, so bilden sich seine Manieren, so ist auch seine Sprache, seine Handschrift und Bekleidung, so wohnt er, isst, trinkt, liebt, schläft, arbeitet und lebt er.

Der große Erwerbsmensch und der reiche Mann haben etwas Breites im Gang, im Auftreten, im Sichsetzen, Sichgeben, sie lieben (und brauchen wegen der Kopfgröße) auch eine solche Kopfbedeckung.

Der Verschwender hat etwas Schmales, Unfestes, Flüchtiges, Zerfließendes, Hochfahrendes, Haltloses. Vom hochfahrenden, die Arbeit scheuenden Menschen bis zum Strolch ist nur ein kleiner Schritt.

Der Bischofshut spiegelt den Charakter der absoluten Herrschaft mit dem Verlangen bedingungsloser Unterwerfung der Menschen unter ein Machtsystem.

Der Ordenshut zeigt dagegen völlige Abplattung des Ichs, die totale Unterwürfigkeit, bis ins Nichts sich auflösende, am Boden kriechende menschliche Seele gegenüber dogmatischer Macht und gegenüber dem Herrschsystem, das unter dem Bischofshut allgewaltig thront.

Die Schweizer Schützenmütze zeigt die außerordentliche Gewandtheit und die scharfe Beobachtungsgabe seiner Träger. Wer hört beim Anblick dieser Mütze nicht das Schießen, wer fühlt nicht die Sicherheit im Treffen, wer ahnt nicht die Gewandtheit der Menschen, die unter solcher Kopfbedeckung sich bewegen und betätigen?

Was sagt uns der Biedermeier-Zylinder daneben? Er zeigt Behäbigkeit, Glück und Zufriedenheit des Trägers, ein Haus, ein Gärtchen, eine Familie, ein gutgehendes Geschäft, eine sorgenlose Existenz, Liebe für Behaglichkeit und etwas Eleganz dabei, das ist der verkörperte Ausdruck dieses Hutes. «Stärke, Wohlhabenheit und Adel im Bürgertum», das wäre das Motto, das ich unter diesen

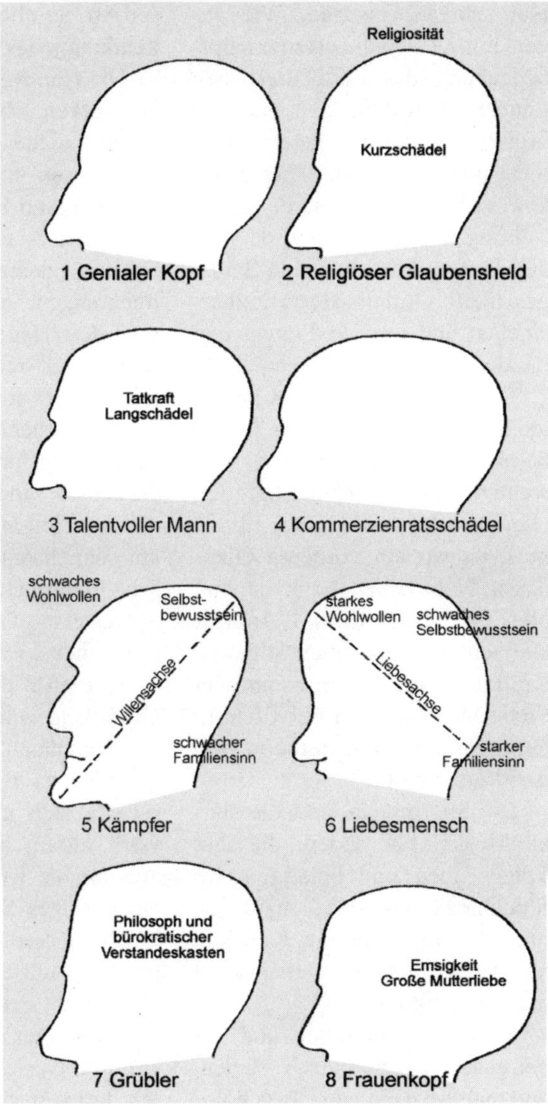

79 Sechs psychophysiognomische Kopfstudien

Hut schreiben würde. Wie anders nimmt sich die eiserne Kopfbedeckung des mittelalterlichen Landsknechtes dagegen aus? Die brutale Zerstörung lauert unter diesem Hut. Wo seine Träger hinkommen, da fließt Blut, da gibt es Störung in der Ordnung, da werden Festen erbrochen und Städte geschleift, wird die Herrschaft erstochen und werden Frauen und Kinder zu Tode geschlagen.

Ein noch anderer Charakter offenbart sich uns im Ritterhelm, er zeigt den frechen, verwegenen, befehlenden Angreifer. Hier ist alles verwegener Egoismus, da wo am vorderen Oberhaupt Wohlwollen liegt, ist hier alles abgeplattet. Kampf, Angriff, Herrschaft, das rücksichtslose Kräftemessen, bis einer auf der Stelle bleibt, das ist der Charakter, der in diesem Ritterhelm zum Ausdruck kommt.

Die Sportmütze lässt die starke Muskelkraft ahnen, die ihre Träger üben und betätigen. Im Studentenkäppi sieht man den jugendlichen Übermut, Keckheit und Verwegenheit, Freiheitskraft und Geisteskraft.

So lerne man sehen und dabei auch psychologisch fühlen, und man wird ein guter Psychologe und Menschenkenner werden; daher übe man sich weiter in dieser Art, an allen Formen der Bekleidung jedes Menschen.

Die *Handschrift* und die *Sprache* geben ebenfalls den Charakter wieder. Ganze Lehrbücher lassen sich darüber schreiben und sind bereits darüber geschrieben. Aber wir müssen jetzt Schluss machen mit diesen Betrachtungen, man käme sonst von den Hauptsachen ab, man würde sich zersplittern, und das darf nicht sein. Konzentration in der Beobachtung von Körperform, Kopfform, Gesichtsform, Gesichts- und Augenausdruck soll uns leiten, so kommen wir am schnellsten zum Ziel, praktische Menschenkenner zu werden. Später erst gehe man zum Studium weiterer Einzelheiten über.

Wer aber eben noch breitere Grundlage wünscht, als sie dieses Handbuch in seinem engen Rahmen zu bieten vermag, der schaffe sich mein großes Lehrwerk «Menschenkenntnis» dazu an, und er wird durch ein- bis zweijähriges Studium in diesem in alle Tiefen der Formerkenntnis der Natur eindringen und den Geist nicht nur aus dem menschlichen Körper und aus Kopf, Augen und Gesicht, sondern aus allen Formen der Natur schauen lernen.

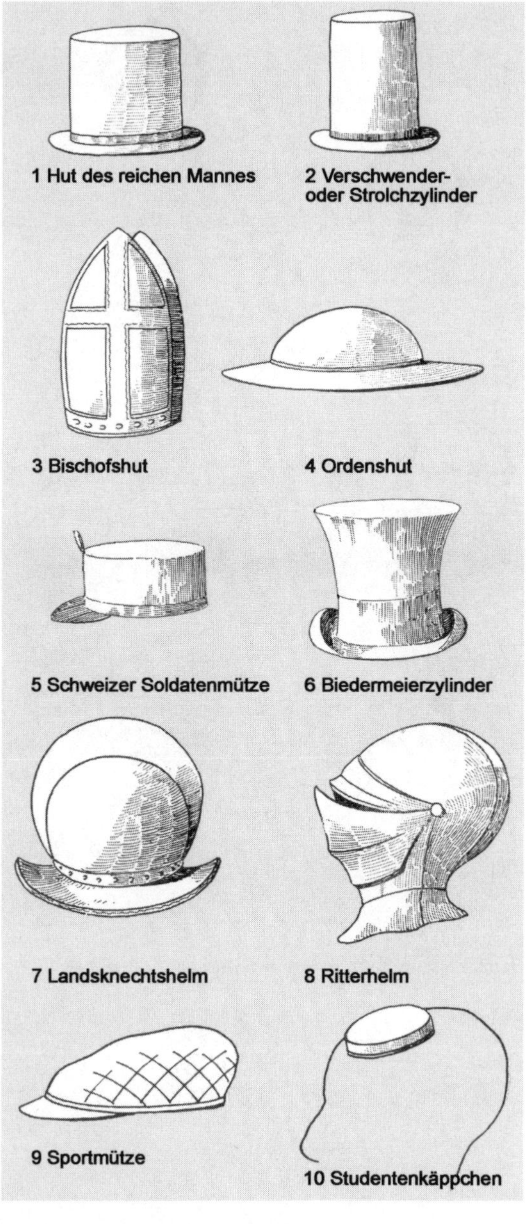

80 Sechs psycho-physiognomische Kopfstudien

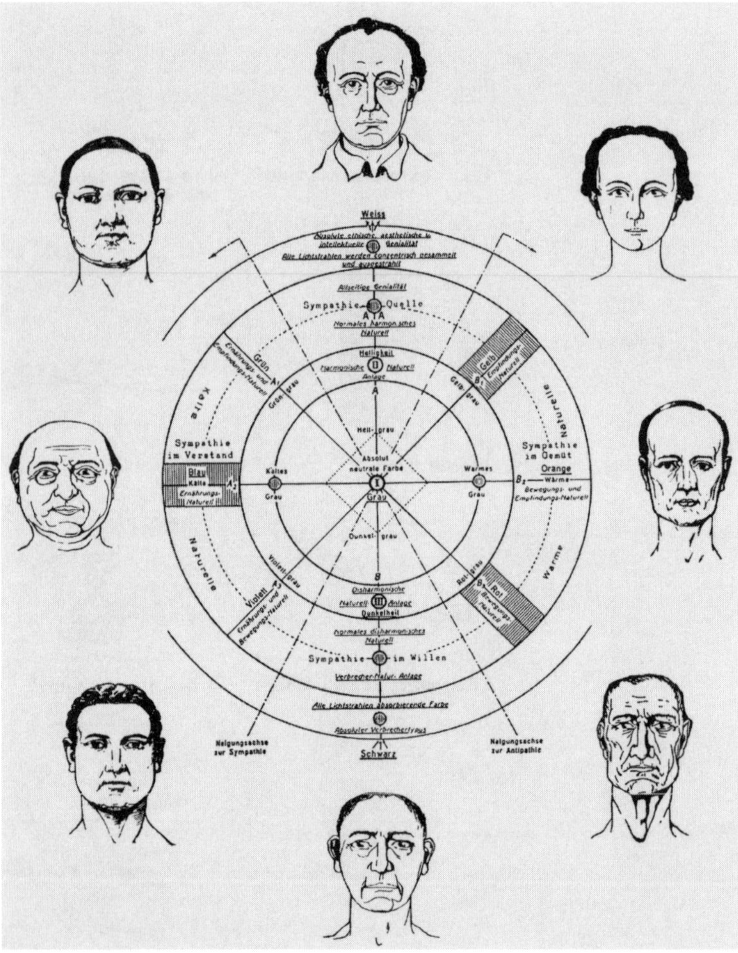

81 Die Naturellharmonielehre und die neue Ethik.

XX
Die neue Ethik, die sich aus diesen psychophysiognomischen Kenntnissen ergibt

Einen großen Fortschritt im ethischen Denken und Fühlen hat diese ganz neue Geistesrichtung zur Folge. Wir lernen die Menschen sehen und psychologisch erkennen, und wer anfängt, auf diese Weise geistig sehend zu werden, der kommt sich vor, als wäre er zuvor ein Blinder gewesen. In der psychophysiognomischen Blindheit war er dem Zufall, der Gewohnheit, der Autorität, der Sitte blindlings ergeben. Er sah und dachte selber zu wenig, und sein Urteil war nicht geläutert, denn Hunderte und Tausende von Einflüssen wirkten auf ihn ein und ließen ihn nicht zur psychologischen Erkenntnis der reinen Wahrheit über Menschen und Dinge kommen.

Wer psychologisch sehen und denken gelernt hat, wer aus den Formen den Geist schauen lernte, dem ist eine neue Offenbarung aufgegangen, der gewinnt aber auch ein höheres ethisches Denken, Fühlen und Urteilen.

Zunächst wird es ihm klar, dass es höherwertige, durchschnittswertige und minderwertige Menschen[36] gibt und dass diese Werte nicht vom materiellen Vermögen, dem Rang, der Stellung und dergleichen äußeren Bedingungen abhängig sind, sondern unveräußerlich im Menschen selber liegen.

Es gibt Könige, Propheten und Geistesfürsten im Bauernkittel und unter Handarbeitern, und es gibt Edle in jedem Beruf, und es

36 Carl Huter vertrat die Auffassung, dass alle Menschen vor dem Gesetz gleich gestellt sein sollen. Ihrem inneren Wesen nach sind die Menschen Individuen, also verschieden. Daraus ergibt sich, dass es, bezogen auf bestimmte Leistungen oder auf die allgemeine Leistungsfähigkeit, tüchtige und geeignete Menschen gibt, ebenso aber auch mittelmäßige und weniger als mittelmäßige. Damit wird niemandem die menschliche Würde abgesprochen, es wird keine Diskriminierung gefördert. Es wird aber damit dafür gesorgt, dass nicht diejenigen, die einem sozialen Organismus zum Schaden gereichen, in die leitenden Stellungen kommen. Die Psychophysiognomik steht damit nur im Gegensatz zur im Kern menschenverachtenden Ideologie von der wesensmäßigen Gleichheit aller Menschen, nicht aber im Gegensatz zu den ethischen Lehren, die jedes einzelne Individuum als solches achten und würdigen. Kenntnis der individuellen Unterschiede und Würdigung derselben führt zur Toleranz, nicht die ideologische Aufhebung derselben. Die Psychophysiognomik steht aber auch im Gegensatz zu denjenigen, die für leitende Stellungen nicht ausreichend befähigt sind, die aber aus Tradition, aus ideologischer Ansprüchlichkeit oder weil sie gewählt wurden, in solchen Stellungen waren. Durch die hier vorgetragene Auffassung konnten sich sowohl Kaiser Wilhelm II., Lenin, Stalin, Adolf Hitler und viele andere tangiert fühlen. Fritz Aerni.

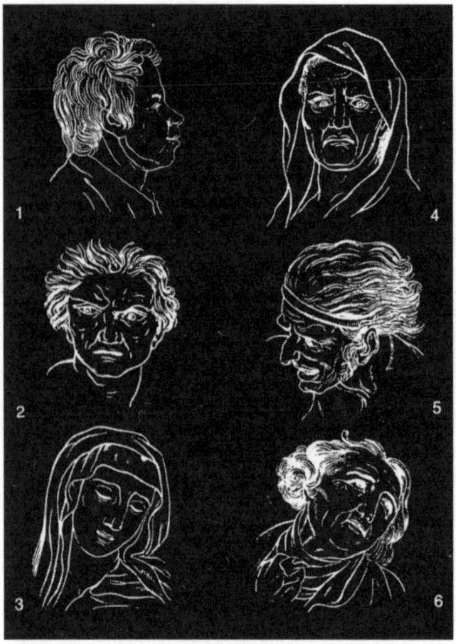

82 Anschauungsbild aus Staaten vergangener Zeiten.

1. Wuchernder Protz, voller Dummheit, Schlauheit und Egoismus, als einer aus der so genannten besseren Gesellschaft.

2. Irrsinniger Verbrecher, als Berater der Regierung.

3. Die heilige und edle Frau, verhöhnt, als duldende Märtyrerin.

4 Herrsucht, Tyrannei und Lüge in der Sitte, in Gesetz und Religion.

5 Gewalttätiger Revolutionär, der gegen die herrschenden Übel kämpft.

6 Der Weise, verkannt und verfolgt, leidend und unterdrückt.

Wo die Unwissenheit thront, die böse Energie recht klug regiert, da wütet das Verbrechen und leidet alles Edle.

gibt auch überall Minderwertige. Dieses zu erkennen suchen, ist eine der interessantesten Aufgaben der Psychophysiognomik und der ganzen Staats- und Gesellschaftskunst.

Es führt uns diese Erkenntnis zu ganz neuen Wahrheiten und Bewertungen. Wir werden inne, dass nur die höchstwertigen Menschen die Berechtigung haben, die höchsten leitenden Stellungen in der Gesellschaft und im Staatsleben einzunehmen und dass die minderwertigen diesen folgen und dienen sollen.

Eine völlige Umwertung aller unserer Verhältnisse muss Platz greifen. Man wird beispielsweise nur solchen Knaben und Mädchen eine höhere Schulbildung zuteil werden lassen, die eine vorzügliche Begabung zum wissenschaftlichen Beruf haben, und da diese auch unter armen Kindern sehr häufig vorkommt, so liegt es im Staatsinteresse, dass diese Begabten auf Staatskosten ausgebildet und in gute Lebensverhältnisse gebracht werden.

Man wird ferner jede Arbeit achten und jeden Arbeiter ehren lernen und nicht mehr abfällig und verächtlich vom Arbeiter denken und reden.

Man wird Personalkredit jedem ehrlichen, strebsamen Menschen in Zeiten der Not, oder

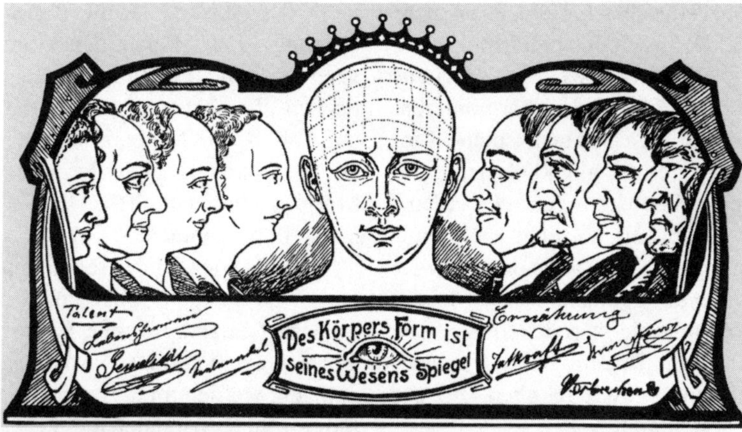

83 Anschauungsbild zum Zukunftsstaat mit der Rangordnung der Persönlichkeiten nach der Naturelllehre und der Psychophysiognomik. Der weiseste Mensch regiert; die Menschen des natürlichen Adels, der aus den harmonischen, fein empfindenden, talentvollen und genialen Menschen besteht, haben den Vorrang; und die anderen folgen diesen nach.

wenn er gute Unternehmungen beginnt, einräumen. Man weiß, der Charakter bürgt, nicht das Gut. Auch das bürgende Vermögen kann verloren gehen, es bietet weniger Sicherheit als ein guter, tüchtiger und strebsamer Charakter.

Man wird nur solche Menschen zusammenstellen im Betrieb, im Büro und überall, wo mehrere Hand in Hand arbeiten müssen, welche gut miteinander harmonieren, und man wird schlecht miteinander harmonierende Menschen trennen, denn sie hemmen sich und stören die Betriebe.

Man wird vor der Eheschließung auf Grund der Gesetze der Temperaments-, Naturell-, Geschlechts- und Charakterharmonielehren psychologische Vergleiche zwischen den Verlobten oder denen, die sich näher treten wollen, anstellen, und man wird es verhüten, dass sich zwei Menschen ehelichen, die nicht dauernd miteinander harmonieren.

Man wird das Wesen der Ehe höher werten lernen als die Form der Ehe und aus dem Wesen der Ehe die Form zu gestalten suchen. Man wird daher verschiedenwertige Ehen anerkennen müssen und auch dafür die Formen finden.

Es gibt triviale, gewöhnliche, unglückliche, glückliche, treue und heilige Ehen, aber man hat für alle heute nur eine und dieselbe Eheform. Das entspricht nicht dem ethischen Gefühl, es ist nicht der Wahrheit entsprechend.

Ehepaare, welche durchaus nicht miteinander harmonieren, sollten sich trennen, solche Liebespaare, die glücklich hamonieren, schnellstens getraut werden.

Man soll es nicht mehr dulden, dass den Liebenden Schwierigkeiten gemacht werden in der Vereinigung zur dauernden Ehe und den Eheunglücklichen wiederum Schwierigkeiten in der Ehescheidung.

Die neue Ethik verlangt Wahrhaftigkeit, Gerechtigkeit und Natürlichkeit in unseren Lebensverhältnissen.

Auf Abb. 81 sind die hauptsächlichsten Naturelltypen zusammen mit dem Schema, nach dem ich die Harmonie zwischen den Naturellen berechne, dargestellt.

Es harmonieren zusammen immer der dritte, fünfte und siebente Typus, also auch die sich gegenüberliegenden komplementären Naturelle. Die verschiedenen Harmoniemöglichkeiten sind in meinen diesbezüglichen Spezialwerken eingehender zu studieren.

In der Abb. 83 ist die Rangordnung der Persönlichkeiten nach dieser neuen Ethik der praktischen Menschenkenntnis und auf Abb. 82 die Rangordnung der Persönlichkeiten nach der alten Moral und Gewohnheitssitte zur Darstellung gebracht.

Diese beiden Bilder sagen uns mehr als lange Abhandlungen moderner Sozialreformer. Sie sagen uns die Wahrheit und wie es gemacht werden muss, um zu paradiesischen Zuständen auf dieser Erde zu kommen.

Die Lösung ist: Man stelle die edelsten, weisesten, gütigsten, tüchtigsten Menschen überall an die Spitzen der Staaten, Gesellschaften, Betriebe und man ziehe durch Anbahnung glücklicher, harmonischer Liebes- und Eheverhältnisse heilige, große, göttliche Menschenkinder heran. Man lasse die Liebenden zur Dauerehe kommen und man löse alle lieblosen, so genannten konventionellen Ehen, in denen problembeladene Kinder herangezogen werden, und man wird aus Menschen Engel, aus Engeln Götter und Heroen auf dieser Erde schaffen, und diese werden die Erde wieder in ein Paradies umzuwandeln wissen.

XXI
In der Werkstatt des Physiognomen

Dem verehrten Leser seien am Schluss dieses Einführungswerkes in meine neue Lehre noch eine Anzahl Bilder von teils geschichtlich bekannten, teils privaten Personen vor Augen geführt, an welchen er sich noch einmal von den Wahrheiten dieser naturwissenschaftlichen Psychologie und praktischen Menschenkenntnismethode überzeugen kann.

I. Heilige Menschen

Ich habe acht Tafeln, je mit vier Köpfen zusammengestellt.

I. Heilige Menschen

1. *Platon,* der bedeutendste Schüler des berühmten griechischen Philosophen Sokrates, welcher lehrte, dass das Gute zu tun die höchste Weisheit sei und dass es das Geistige, das Göttliche und ein ewiges Leben mit Vergeltung gebe. Sündiges Leben gehe aus Unwissenheit, heiliges Leben aus Erkenntnis der Wahrheit über die letzten Dinge hervor. Platon baute die Lehre Sokrates' weiter aus und wurde der bedeutendste Phi-

losoph von der geistigen Welt und der Tugend des Altertums.

2. *Jesus, wie er in Wirklichkeit ausgesehen haben soll.* Dieses Bild ist in Stein geschnitzt aufgefunden worden. Es spricht alles dafür, dass es ein echtes Porträt von dem Verkünder der Religion der Liebe ist.

3. *Jesus, wie er als Menschheitsideal und als Gottmensch* von dem berühmten Bildhauer Thorwaldsen idealisiert worden ist.

4. *Die heilige Cäcilie.* Alles in diesem Bilde strahlt Heiligkeit, Reinheit und zartestes Feinempfinden aus. Bei allen vier Köpfen sieht man übereinstimmend das wunderbare, vollkommen plastisch gewölbte Oberhaupt. In diesem liegen, wie ich nachgewiesen habe, die Sinne für das Ideale, für die Erkenntnis des Hohen und Heiligen und für das Göttliche. Der wahre Menschenkenner wird daher in religiösen Dingen sich an diese Autoritäten halten und Menschen mit glattem, niedrigem oder verkümmertem Oberhaupt als religiöse Idioten betrachten, mit denen über die letzten Dinge nicht zu reden ist, weil ihnen die Hirnorgane dafür fehlen und sie daher jeder Einsicht und jedem tieferen Verständnis unzugänglich bleiben. Solche religiöse Idioten gibt es sehr zahlreich unter berühmten Wissenschaftlern unserer Zeit, die das Volk zum Unglauben führen. Gerade jene Menschen mit verkümmertem Oberhaupt benötigen den Glauben, eine religiöse Zucht für jeden Tag und fürs ganze Leben. Zur Weiterbildung in der Religion sind nur solche Menschen berufen, die eine starke religiöse Kraft und Anlage in Verbindung mit naturwissenschaftlicher und philosophischer Allerkenntnis haben.

II. Geistesmenschen

Große wissenschaftliche Forscher unterscheiden sich von den religiösen Genies dadurch, dass bei ihnen die Hauptkraft in den Gehirnorganen zum Ausdruck kommt, welche in der Stirnregion liegen. Bei den erstklassigen Religiösen kommt die Hauptkraft in der Scheitelregion des Gehirns zum Ausdruck.

Man suche bei diesen Scheitelkraftmenschen Gotteserkenntnis, aber nicht Naturerkenntnis, bei den Stirnkraftmenschen Naturerkenntnis, weniger Gotteserkenntnis. Die neueste Richtung des religiösen Lebens drängt mit Kraft zur Vereinigung von Natur- und Gotteserkenntnis und findet darin erst die höchste Weisheit; es ist die Richtung, welche auch ich vertrete und eingeführt habe.

1. *Alexander von Humboldt,* der große Naturforscher;

2. *Wilhelm von Humboldt,* der große Sprachforscher.

Der erstere zeigt den beobachtenden Blick, der letztere den vorstellenden; das Auge des Sprachforschers tritt mehr hervor, erscheint größer, sprechender, und die ganzen Gesichtsformen drücken mehr Leben und Strahlkraft aus. Die Naturforschung beruht im Aufnehmen der Erkenntnis, die Sprachforschung außer dieser auch in schöpferischer Gestaltung des Aufgenommenen. Sie bildet doppelt, daher ist das Sprachenstudium der deutschen Gymnasien auch so außerordentlich geistbildend. Jedoch sollte keinesfalls die naturwissenschaftliche Ausbildung zurückgestellt werden.

II. Geistesmenschen

3. *Hans Sachs,* der berühmte Dichter und Philosoph von Nürnberg.

4. *Charles Darwin,* der bahnbrechende Naturforscher und größte Biologe des 19. Jahrhunderts, der die Entwicklungslehre zur wissenschaftlichen Anerkennung geführt hat. Bei ihm liegt die Hauptkraft in der Unterstirn,

da wo die Beobachtungssinne für Gegenstände, Formen und Farben zum Ausdruck kommen. Die Brüder Humboldt sind akademisch, Hans Sachs und Charles Darwin autodidaktisch gebildete Geistesgrößen gewesen. Goethe anerkannte Hans Sachs' außerordentliche Bedeutung. Auch ich stehe auf dem Boden, dass die freie autodidaktische Forschung neben der akademischen als gleichberechtigt zu gelten hat und voll gewürdigt werden soll, weil die genialen Autodidakten meistens die Bahnbrecher aller fortschreitenden Erkenntnis gewesen sind. Die geringe akademische Vorbildung Darwins kommt gegenüber seiner bedeutenden autodidaktischen Forscherarbeit nicht in Betracht.

Der vollkommenste und begabteste Vater dieser vier großen Männer ist Hans Sachs. Man sehe sich seinen gewaltigen Kopfbau an und die gesunde, kernige Kraft seines Geistes, der aus den Augen und aus allen Gesichtsformen sprüht.

III. Wie erkennt man Geistes- und Tatmenschen?

1. *Pestalozzi,* der große Kinderfreund und Jugendbildner. Alles in seinem Gesicht sprüht Menschenliebe und Herzensgüte aus, er liegt im Empfindungs- und Tugendnaturell. Der Glaubens-, Ideal- und Hoffnungssinn, die in den oberen Stirnpartien und rechts und links in der Scheitelregion zum Ausdruck kommen, geben ihm diese Kraft des Wirkens für eine ideale Jugenderziehung, aber auch die ganze Persönlichkeit ist wie aus einem Guss aus Herzensgüte und hohen Menschentugenden zusammengesetzt.

2. *Leo XIII.* Ein Geistesmensch von außerordentlichen Gaben. Auch er besitzt viel Menschenfreundlichkeit und vor allem starke Friedensliebe mit einem ganz bedeutenden Allgemeinwissen und großer Lebensklugheit gepaart. Diese beiden Männer sind Geistesmenschen, Pestalozzi als der Menschheitsdiener, Leo XIII. als der Beherrscher eines großen Teils der Menschheit. Auch ist dies in den unterschiedlichen Gefühlstypen beider zu erkennen. Leo XIII. liegt im Empfindungs- und Bewegungsnaturell.

3. *Marat,* der Tatmensch. Er war der letzte Volkstribun aus der französischen Revolution. Er war ein furchtbarer Verbrecher, der viele Tausende der besten Männer und Frauen hat hinrichten lassen. Er ist der direkte Gegensatz zu dem edlen Kinder- und Men-

schenfreund Pestalozzi. Die Beobachtungsgabe und die realen, kühlen Verstandessinne, die nur das Sinnliche und Gegenwärtige zu erfassen vermögen, sind unmittelbar über den Augen stark entwickelt. Dahingegen fehlen Marat sowohl der philosophische als auch der ethische, religiöse und ökonomische Sinn. Die mittlere Stirn ist flach, die Scheitelregion völlig beschränkt, die Seitenteile des Hauptes, wo unten das Begriffsvermögen für Eigentum, oben für das Ideale liegt, sind ebenfalls verkümmert. Der Sinn für Menschlichkeit, Mitgefühl, kurz für das Leben, ist gänzlich hart verkümmert. Marat ist, wie es Nero war, ein niedriger Tiermensch, den Größenwahn und Eitelkeit, aber auch Mut und eiserne Tatkraft das werden ließen, was er geworden ist. Die Region um Mund und Nase zeigt Gefühlsroheit und Härte, bei Pestalozzi strahlt dort feines Empfinden und Liebe aus. Der Blick von Pestalozzi strahlt Denken mit Wohlwollen und schöpferischer Liebe gepaart aus. Der Blick von Marat sprüht Fanatismus, Wahnsinn, Planlosigkeit, bis zur Hypnose erstarrte Autosuggestion aus. Eine wahnsinnige Phantasie beherrscht den Mann, der wie ein Trunkener handelt.

III. Wie erkennt man Geistesmenschen und Tatmenschen am Gesichtstypus?

Die kurze, harte, gebogene Nase zeigt nicht die Kraft der ruhigen Überlegung, sondern ist ein Zeichen grausamer Härte, die kein Erbarmen kennt. Die gewaltigen Jochbeine und langen Ober- und Unterkieferknochen, das sehr lange Kinn in Verbindung mit der Nase, beherrschen diesen Mann vollständig, der Kopf wird nach hinten herübergezogen, da, wo die Tatkraft und die Kleinhirnenergie liegen, er ist nach rechts seitlich und nach hinten herüber geneigt, dahin, wo die Wehr- und Kampfessinne liegen. Marat hatte somit alle Anlagen, eine Bestie in Menschengestalt zu werden. Der totalen Unkenntnis der Menschen jener Zeit in dieser Lehre der praktischen Menschenkenntnis ist es zuzuschreiben, dass solch eine gemeine Verbrechernatur zur Herrschaft kam und die ersten idealen Kämpfer für Freiheit und Menschenrechte, seine eigenen, besseren Genossen ebenfalls, hat hinrichten lassen.

4. *Turnvater Jahn.* Wie groß und erhaben, vollendet an körperlicher und geistiger Kraft, steht Turnvater Jahn da! Nicht Marat, sondern Jahn ist ein befähigter Volksführer, ein Mann, der die Kaiserwürde verdient hätte. Wenn es noch einmal möglich werden sollte, dass die ganze Menschheit unter einen Regenten gebracht werden könnte, dann würde ich einem Mann wie Jahn das ganze Schicksal des Menschengeschlechts freudig und vertrauensvoll in die Hände legen.

Seine prachtvolle, gewölbte, breite, allseitig kraftvoll ausgebaute Stirn, sein ausgebautes Ober- und Seitenhaupt zeigen uns den Mann, der alle Gaben in sich vereinigt, den höchsten Platz, den eines Volks-, ja, eines Weltregenten auszufüllen, er wird von den höchsten Idealen geleitet. Dabei besitzt er den klaren Verstand, den Stolz, den Mut, die Festigkeit und Tatkraft, seinen Willen durchzusetzen und seine Menschheitsideale zu verwirklichen. Jahn liegt im Bewegungs-, Tat- und harmonischen Naturell.

IV. Herrscher und Reformatoren

1. *Kaiser Karl der Große.* Ausgesprochenes Bewegungsnaturell, was an dem sehr langen, knöchernen Gesicht mit der langen Nase, den langen Wangen und dem langen Kinn zu erkennen ist. Bekanntlich hat dieser Mann ein außerordentlich strenges Regiment geführt, Tausende von Kirchen bauen lassen und das Christentum in Deutschland organisatorisch eingeführt.

IV. Herrscher und Reformatoren

2. *Kaiser Wilhelm II.* Auch dieser Herrscher liegt im Tatnaturell, auch er zeigt große Energie und Strenge im Gesicht. Ohne Tatkraft, Selbstbewusstsein und Strenge kann kein Herrscher eines großen Staates seinen Willen durchsetzen. Das eine Große, das wir Wilhelm II. (Ende 1910) zu verdanken haben, ist seine Energie und politische Klugheit, mit welcher er unserem deutschen Volk den Frieden erhalten hat, trotz dem Raffinement feindlicher Potentaten.

3. *Martin Luther,* der gewaltige Tat- und Geistesmann voller Mut und Gottvertrauen, der ganz allein den Kampf um die geistige und religiöse Freiheit aufgenommen und durchgeführt hat, ist der weltbefreiende Geistesfürst echten deutschen Charakters, voll Mut und Kraft, Festigkeit und Frömmigkeit, zugleich der Schöpfer der neudeutschen Sprache. Sein Auge spricht heiliges Streben, lauteres Denken und klares Wollen aus. Er wollte eine einheitliche Moral und kämpfte die Doppelmoral der katholischen Kirche nieder.

4. *Otto von Bismarck,* der große Staatsmann, trennte das evangelische Norddeutschland von dem katholischen Deutschland und führte dieses evangelische Deutschland zur ersten

Weltmachtstellung empor; erst er vollendete Luthers religiöses Reformwerk politisch. Gewaltige Geisteskräfte sprechen aus den Köpfen dieser beiden Reformatoren. Sie sind Deutschlands Nationalhelden, die ihrem Volk ihr Bestes gegeben haben.

V. Große Charakterverschiedenheiten

Bekanntlich gibt es Menschen, die sich von der ersten Minute an, in der sie sich gesehen haben, nicht ausstehen können; irgendeinen Grund dafür wissen sie nicht anzugeben. Ein Zusammenarbeiten oder gar ein Zusammenleben solcher Personen würde zu einem Höllenleben führen.

Die Ursachen liegen in den zu großen Naturell-, Temperaments- und Charakterverschiedenheiten begründet.

V/1 liebt Glanz und Pracht und klassische Schönheit, V/2 hasst alles dieses aus tiefstem Herzensgrunde, er ist nüchtern, sparsam, einfach – und doch sind beide in ihrem Beruf Genies, beide sind sehr reich geworden, aber V/2 ist geizig, V/1 generös im Geldausgeben.

V/3 zeigt Stupidität und geistige Indifferenz, V/1 kann gar nicht anders als diesen Mann verachten und V/2 nicht anders als sich ihm fernhalten. V/4 versteht V/1, V/2 und V/3, aber er ist ihren Interessen gänzlich abgewendet, denn er ist Spiritist und neigt zur tiefsten Geistesphilosophie, etwas was V/1, V/2 und V/3 nicht liegt, sie können daher keinen Anteil daran nehmen.

Eine Ehe zwischen V/1 und V/2 wäre Wahnsinn, zwischen V/1 und V/3 ein Verbrechen, zwischen V/1 und V/4 eine Unsinnigkeit. Eine Zusammenarbeit zwischen V/1 und V/2 und V/3 und V/4 ist eine Unmöglichkeit. Es würde sich erst Ärger, dann Hass und schließlich Erbitterung bis zum persönlichen Angriff daraus ergeben. Daher sollen nur solche Menschen zusammenarbeiten, welche gut miteinander harmonieren können. Damit kämen wir zu dem wichtigen Lebensproblem: Wen soll ich heiraten?

VI. Liebe und Ehe, das wichtigste Lebensproblem

VI. Liebe und Ehe, das wichtigste Lebensproblem

VI/1 liegt im idealen und harmonischen Naturell mit starkem Empfindungsleben, VI/2 im ähnlichen Naturell, doch mit Anklang an starkes Bewegungsleben, VI/3 liegt im Ernährungsnaturell, VI/4 im Empfindungs- und Bewegungsnaturell.

Zwischen VI/1 und VI/3 würde eine Ehe zu einem Unglück werden wegen zu großer Charak-

VII. Glückliche und unglückliche Ehe. Starker und schwacher Geschlechtstrieb.

terverschiedenheit, zwischen VI/1 und VI/4 wegen komplementärer Naturellanlagen zum Lebensglück, wenn VI/4 sich zu den idealen Anschauungen von VI/1 voll und ganz emporbilden würde und sich von VI/1 beherrschen und leiten zu lassen, einwilligen wollte.

Zwischen VI/2 und VI/4 würde eine Ehe unglücklich verlaufen, zwischen VI/2 und VI/3 befriedigend für VI/3, jedoch nicht ganz befriedigend für VI/2. Besser ist also, VI/1 und VI/2 suchen ihr Komplementärnaturell, das auch ihrem Bildungsgrad und ihrem Charakter entspricht, denn es sind beide ideale Wesen, die geistig das Höchste und Edelste wollen und erstreben und zu ihrem Lebensglück einen Gatten erwählen müssen, der an Geist und Charakter dem entspricht, was man von VI/3 und VI/4 nicht ganz behaupten kann.

VII. Glückliche und unglückliche Ehe, starker und schwacher Geschlechtstrieb

Die Ehe als Lebensehe ist ohne höhere, sittliche Pflichterfüllungen und ohne physische und seelische Harmonie nicht möglich. Bei VII/1 ist ein Ehepaar wiedergegeben, bei dem alles zu einer glücklichen Ehe gegeben ist und das mit hohem Feinempfinden gut harmoniert. Dazu sind beide ideale, tief religiöse Menschen, die auf dem Boden der geistigen Weltanschauung stehen, ihre Ehe ist daher unlösbar.

In VII/2 sind zwei Ehegatten zur Darstellung gebracht, die zu sehr auseinanderstreben durch zu große Verschiedenheit ihrer Veranlagung, sie stehen sich zu fern. Man sehe sich diese zwei grundverschiedenen Gesichtsformen an. Beim Mann das wissenschaftliche, aufstrebende Element, dem die Frau ziemlich interesselos gegenübersteht. Die Frau neigt zu dem Lebenspraktischen, ist für ihn zu wenig geistig elastisch und mitschaffend, dazu ist bei beiden keine Religiosität, man will keine Pflichten füreinander, keine Rücksichten aufeinander nehmen. Daher ging diese Ehe auseinander. Diese Gatten sind längst geschieden.

VIII. Glückliche Ehe und starker Liebessinn. Mutter und Kind aus glücklicher Ehe.

In VII/3 ist eine junge Dame mit sehr starkem Geschlechtstrieb, in VII/4 ein älteres Fräulein mit schwachem Geschlechtstrieb zur Darstellung gebracht. Man studiere bei beiden die Augen-, Nasen-, Mund- und Gesichtsformen und man wird bald finden, wie und woran beides zu erkennen ist.

VIII. Glückliche Ehe und starker Liebessinn. Mutter und Kind aus glücklicher Ehe.

VIII/1 und VIII/2: Ein Ehepaar, das in voller physischer und seelischer Harmonie unverbrüchlich treu und glücklich lebt. Da bei beiden der Geschlechtssinn nur mäßig stark entwickelt ist, so konnten sie auch während langer Trennung die Treue halten.

Bei VIII/3 zeigt sich ein sehr starker Liebessinn und ein ebenso starker Geschlechtstrieb. Menschen dieser Art können nicht gut lange Zeit ohne geschlechtlichen Verkehr leben, sie werden, wenn lange von ihren Gatten getrennt, diesen wenigstens physisch untreu, und wenn ein solcher Mann mit einer Frau, etwa wie auf VIII/4 gezeigt, sich trauen lassen würde, so würde aus zu großer Verschiedenheit der Liebes- und Geschlechtsbedürfnisse die Ehe bald zerrüttet sein. Es sollten daher keine Ehen geschlossen werden, wenn nach der Psychophysiognomik sicher vorauszusehen ist, dass die Ehegatten nicht dauernd harmonieren können.

VIII/4, Ehefrau im idealen Naturell in glücklicher Ehe, die ein Kind der Liebe zeugte, voller höchster Geistesgaben, sprudelnder Gesundheit und physischer Lebenskraft. Solche Ehen sollen geschlossen werden. Sie sind erst die ethisch fundierten Ehen, welche diese neue Lehre der Menschenkenntnis anbahnt und jedermann dazu behilflich sein will, sein Lebensglück zu finden. Eine glückliche Ehe ist ein Paradies auf Erden. Die Kinder solcher Ehen sind glücklich, gesund und zeigen eine aufsteigende Entwicklung.

Die neue Ethik und Kallisophie setzt alles daran, glückliche Ehen und ideale Familiengemeinschaften zu schaffen, um dadurch ein neues, großes, klassisches, göttlich großes und starkes Menschengeschlecht heranzuziehen und heranzubilden.

Das interessanteste und höchste Wesen unserer Erde ist der Mensch. Die Menschenkenntnis ist daher die wichtigste aller Wissenschaften. Sie weiter zu studieren, sollte sich jeder zur Lebensaufgabe machen.

Verzeichnis der Namen und Werke

1. Namensverzeichnis

2. Verzeichnis der gedruckten Werke von Carl Huter (Auswahl)

1. Buchpublikationen

1894 Aus Poesie und Liebe

1896 Individuum und Universum

1897 Medizin, Wasserkur, Diät und Diagnose

1897 Der Wert von Ruhe und Schlaf

1898 Die neueste Heilwissenschaft

1898 Die Landeshuter von Hilgenhaine

1898 Meine Stellung zur Schulmedizin

1898 Gicht, Rheumatismus, Influenza und Erkältungskrankheiten und ihre erfolgreiche Behandlung

1899 Die Glocken aus dem Cheruskerwald

1903 Die innere Erschließung einer höheren geistigen Welt

1903 Der Gebildete auf der Höhe

1904 Magnetismus, Od und Helioda

1904-1906 Menschenkenntnis durch Körper-, Lebens-, Seelen- und Gesichtsausdruckskunde auf neuen wissenschaftlichen Grundlagen, 5 Bände

1907 Die Neue Ethik

1907 Die Naturelllehre

1908 Liebe, Ehe, Familie und Gesellschaft der Zukunft

1908 Die neue Weltanschauung

1909 Das Empfindungsvermögen der Materie

1909 Katechismus der Huter'schen Wissenschaft

1909 Leitfaden zu meinem System der wissenschaftlichen Psychophysiognomik

1910 Führer durch das Carl-Huter-Museum Leipzig

1910 Huter und Haeckel – Der Kampf zwischen zwei Weltanschauungen

1910 Grundlegende Entdeckungen für die wissenschaftliche Psychophysiognomik

1911 Illustriertes Handbuch der praktischen Menschenkenntnis

2. Kürzere Abhandlungen und Zeitschriftenartikel (eine Auswahl)

1899 Die Religion, Philosophie und Kunst der Zukunft

1899 Der Zweck und die Bedeutung der idealen bildenden Kunst im Sinne der Psychophysiognomik

1899 Die Schwarzen und die Roten

1900 Die Gefühlsphysiognomik als geheimnisvolle Schöpferkraft jeder alten und neuen Gesellschaftsordnung

1900 Unsere Stellung zur medizinischen Wissenschaft, zur Ärztefrage und zur Naturheilbewegung

1900 Neu entdeckte Wissenschaften und die gebildeten Stände

1900 Die Physiognomik, Bibelworte, Auferstehung, Spiritualismus und Pastor Weingart von Osnabrück

1900 Die Verleumdungsseuche

1900 Spiritismus, Materialismus und Kallisophie auf ihre Realität und Idealität geprüft

1900 Hypnotismus, Magnetismus und Helioda

1900 Götterdämmerung im modernen Völkerleben und Deutschlands neue Ideale

1900 Was wir wollen!

1900 Unser gutes Recht und die moderne Judikatur

1900 Sozialaristokratie, die Partei der Zukunft

1901 1901: An der Wende des Jahrhunderts

1901 25 Grundthesen meiner neuen Weltanschauung

1901 Mein Glaube in drei Artikeln

1901 Meine ethischen Selbstgebote

1901 Aufruf zur Sammlung aller guten Reformbestrebungen und ihrer Vertreter in unsern Vereinen

1901 Zunftärzte, ehrbare Heiltalente und gemeine Kurpfuscher

1901 Der Zukunftsstaat und die neue Hochwartpartei

1902 Schulmoralisten, Staatsjuristen und freie Künstler

1902 Hohe Politik

1902 Der Naturmensch Nagel und Professor Jolly

1902 Die Magie der Farben und Zahlen. Ein neu entdecktes Weltgesetz.

1902 Neue politische Strömungen

1902 Liebe und Ehe

1902 Die Heliodastrahlen, ihre chemischen, physiologischen und psychischen Wirkungen

1902 Die Düsseldorfer Kunst-, Industrie- und Gewerbeausstellung

1902 Verschiedene Richter

1903 Schulweisheit und Spiritismus. Richter und Gerechtigkeit im Prozess des Blumenmediums Anna Rothe

1903 Die Leute sagen es!

1903 Vorurteilsfreie Wissenschaft

1903 Der Huterische Bund, ein moderner wissenschaftlicher Weltverein. Befürwortung aller vernünftigen Reformen auf psychophysiognomischer Grundlage (Der Gebildete auf der Höhe)

1909 Das Heiligkeitsgefühl und das Ideale

1909 Das Gebet der Seele

1909 Moderne Volkspropheten, ihre Irrtümer und Entgleisungen

1910 Das Lebens- und Formengeheimnis im Weltall

1910 Der Sieg unserer Weltanschauung in uns und um uns

1910 Die Religion der Liebe und Schönheit

1910 Meine Weltanschauung und die 16 Weltursachen

1911 Weltanschauung, Religion, Kultur und Charakter von den Urzeiten bis in die Gegenwart

3. Vortragsberichte und Arbeiten, die aus dem Unterricht bei Carl Huter hervorgingen (eine Auswahl)

1893 Leib und Seele
Dr. Adolf Brodbeck

1900 Die Huter'sche Psychophysiognomik und ihre Beziehung zur Krankenbehandlung
Dr. med. Georg Reinhardt

1903 Neue Bahnen zum Zwecke der Unierung der Medizin
Maria E. Reinert

1903 Carl Huter, seine neue Seelen- und Lebensausdruckskunde und die Lehre von der ethischen Schönheit
Maria E. Reinert

1904 Vortrags-, Presse- und Privatberichte über die neue Huter'sche Peripherie-Diagnose

1905 Huterischer Bund

1907 Carl Huters Helioda
Dr. phil. Gottlieb Brandt

1908 Die Lösung der Lebensrätsel
Dr. phil. B. Corvey

1909 Auf welche Personen können Verbrecher Einflüsse ausüben?
Irma Fleischhacker

1910 Carl Huter und seine Wissenschaft
Irma Fleischhacker

1910 Liebes-. Ehe- und Sittenreform nach der neuen Ethik von Carl Huter dargelegt von führenden Mitgliedern der Studienvereine des Huterischen Weltbundes

1911 Aus eigener Kraft.
Von Pinsel und Palette zur Naturwissenschaft und Philosophie, Psychophysiognomik und Kallisophie
Irma Fleischhacker